어제와 오늘, 그리고 내일을 살아가는
세상 모든 아이들에게 바칩니다.

큰 날개를 가졌던 알리오나를 기억하며

원자 유령을 추적하는 수상한 물리교실

재미있게 제대로 22

원자 유령을 추적하는
수상한 물리 교실

스테파노 산드렐리 글 | 일라리아 파치올리 그림 | 황지민·옮김

첫판 1쇄 펴낸날 2014년 9월 30일 | 첫판 3쇄 펴낸날 2017년 3월 24일 | 펴낸이 이호균 | 펴낸곳 길벗어린이(주)
등록번호 제10-1227호 | 등록일자 1995년 11월 6일 | 주소 10881 경기도 파주시 문발로 214-12 | 대표전화 031-955-3251
팩스 031-955-3271 | 홈페이지 www.gilbutkid.co.kr | 편집 권혁환 한유경 | 디자인 권석연 조윤주 김민해 최수인
마케팅 이정욱 유소희 김서연 김도연 | 총무·제작 최수용 손희정 임희영 | ISBN 978-89-5582-300-4-73420

Quanti Amici
Sulle onde della fisica monderna
Copyright © Giangiacomo Feltrinelli Editore, 2012
First published as Quanti Amici in November 2012 by Giangiacomo Feltrinelli Editore, Milan, Italy
Illustrations copyright © Ilaria Faccioli, 2009
Korean Translation copyright © Gilbut Children Publishing Co., Ltd, 2014
All rights reserved.
This Korean edition was published by arrangement with Giangiacomo Feltrinelli Editore through Shinwon Agency.

이 책의 한국어판 저작권은 신원에이전시를 통해 저작권자와 독점 계약한 길벗어린이(주)에 있습니다.
저작권법에 따라 한국 내에서 보호를 받는 저작물이므로 무단 전재와 복제를 금합니다.

이 책의 국립중앙도서관 출판예정도서목록(CIP)은 서지정보유통지원시스템 홈페이지(http://seoji.ni.go.kr)와
국가자료공동목록시스템(http://www.nl.go.kr/kolisnet)에서 이용하실 수 있습니다. (CIP 제어번호 : CIP2014025503)

원자 유령을 추적하는 수상한 물리교실

스테파노 산드렐리 글 | 일라리아 파치올리 그림
황지민 옮김 | 김상욱(부산대학교 물리교육과 교수) 추천

길벗어린이

추천의 글
유령 같은 원자 세상

지금 보고 있는 책을 반으로 잘라 볼까요? 그리고 또 반으로 자르고, 다시 또 반으로……. 설마, 정말 자르는 건 아니겠죠? 이렇게 계속 자르다 보면 결국 더 이상 자를 수 없는 가장 작은 것이 나옵니다. 바로 우리가 원자라고 부르는 것이지요. 이 책뿐만이 아니라 어린이 여러분 둘레에 있는 모든 것이 다 원자로 이루어져 있습니다.

그런데 원자는 우리가 볼 수 있는 물체들과 완전히 다르게 행동합니다. 예를 들어 볼까요? 원자는 동시에 두 장소에 존재할 수 있습니다. 투명 인간처럼 벽을 투과해서 지나갈 수도 있고, 원자를 쳐다보기만 해도 제멋대로 움직이기도 합니다. 그래서 원자가 어디 있는지 정확히 알 수가 없습니다. 그게 말이 되느냐고요? 이런 이상한 원자를 설명하는 학문이 바로 양자 역학, 또는 양자 물리학입니다.

20세기 노벨 물리학상의 역사는 '양자 물리학'의 역사라고 해도 과언이 아니에요. 양자 물리학이 없었다면 휴대 전화, 컴퓨터, 텔레비전 같은 것들이 존재할 수 없었을 거예요. 그래서 양자 물리학을 빼고는 현대 과학에 대해 이야기할 수가 없습니다. 양자 물리학은 우리 일상에서 아주 중요하지만 설명하기는 무척이나 어렵습니다. 천재 물리학자 리처드 파인만조차도 '이 세상에서 양자 역학을 이해한 사람이 단 한 명도 없다.'라고 말했을 정도예요.

　그런데 저는 이 책을 읽으면서 '우리 어린이들한테도 양자 물리학의 세계를 전할 수 있겠구나!' 하는 희망을 품었습니다. 이 책은 골치 아픈 수학 공식 따위 없이 신기하고 흥미로운 이야기가 가득합니다. 유령처럼 벽을 통과하거나, 우리 몸이 텅 비었다거나, 빛이 입자이면서 파동이라는 말도 안 되는 이야기 말이에요. 그런데 이런 이야기가 바로 원자들이 움직이는 실재 세상입니다. 지금도 저를 비롯한 수많은 물리학자들이 원자들을 추적하며 '우주의 작동 원리'를 연구하고 있지요.

　이 책을 읽고 있으면 여러분은 마법에 걸린 것처럼 전자가 되어 점프를 하고, 수많은 우주를 만나게 될지도 모릅니다. 물론, 다 읽고 나서도 여전히 모르는 것투성이일 거예요. 하지만 분명한 사실은, 여러분이 '우주를 작동시키는 비밀의 문' 앞에 성큼 와 있다는 겁니다!

　고개를 들어 주변을 둘러보세요. 눈에 보이지 않지만 이 세상 모두가 원자들이 모여 만들어진 것입니다. 지금 이 순간에도 원자 세상에서는 정말 이상한 일이 벌어지고 있습니다. 원자 세상에서 무슨 일이 일어나는지 궁금하다고요?

　자, 안나랑 루카랑 함께 신기한 양자 세계로 여행을 떠나 봅시다!

부산대학교 물리교육과 교수 *김상욱*

차례

추천의 글 4

작가의 말 140
찾아보기 142

9월 1일 토요일
제멋대로 빛!
기차에서 내려! 10
빛은 언제나 초속 30만 킬로미터? 14

9월 2일 일요일
텅 빈 세상!
바닷가에서 원자를 세다니! 22
박살 난 무화과 27
완전히 텅 비었어! 29

9월 3일 월요일
주사위 같은 확률 세상
접붙이기와 주사위 게임 38
확률로 선택해! 41
우연히 생긴 우주 47

9월 4일 화요일
파도를 제대로 즐기는 방법
파도를 파헤치자! 54
내 모래성 돌려줘! 57
빛이 파동이라고? 61

9월 5일 수요일
아인슈타인의 우물
빛이 알갱이라고? 68
빛 양동이들 70
광양자의 이상한 선택 77

9월 6일 목요일
절대로 문을 열지 마!
과수원의 유령 86
접촉하기 어려워! 89
유령들의 잠꼬대 93

9월 7일 금요일
햄릿의 점프
전자들의 점프! 98
햄릿의 고민 105
햄릿이 분리됐어! 110

9월 8일 토요일
불확실한 원자 세상
측정은 언제나 실수 116
오차의 진실 119
원자는 유령이야! 121

9월 9일 일요일
반바지와 수박은 9월까지만!
햄릿은 어느 우주에? 130
유령 과학자 136

9월 1일 토요일
제멋대로 빛!

기차에서 내려!

"루카, 루카!" 내가 작은 소리로 동생을 흔들어 깨웠어. "어서 일어나. 멍청하게 분재만 끌어안고 있지 말고, 당장 일어나란 말이야!"

"무슨 일인데, 누나?" 동생이 졸린 표정으로 간신히 눈을 뜨고는 중얼댔어.

"쉿, 조용히 하고 잘 들어 봐."

"뭘 들으라는 거야? 누나, 난 자고 있었다고! 몇 시야? 아직도 도착 안 했어?" 루카가 칭얼거렸어.

9월 1일, 토요일 오후 4시. 기차가 역에 서려고 해. 어느 역인지는 모르겠어. 오늘 아침에 출발한 뒤로 수천 번은 더 섰을 거야. "쉿, 고개 숙이고 잘 들어 봐!" 내가 루카 머리를 누르면서 말했어.

휴대 전화로 통화하는 여자의 목소리가 또렷이 들려왔어. 기차 칸에는 그 여자와 우리 둘만 있었어. "살았는지 죽었는지 모르겠어. 그냥 두고 왔지." 여자는 아무도 자기 말을 못 들을 거라 생각했는지 크게 웃으면서 말했어.

기차가 멈추며 내는 날카로운 브레이크 소리 때문에 여자 목소리가 들리지 않았어. 그 사이, 나는 의자 틈 사이로 여자를 몰래 엿보았지. 여자 얼굴은 안 보였어. 간신히 팔만 보였지. 여자는 해변에서 드는 간편한 가방을 짐칸에서 내렸어.

"루카, 너도 들었지? 저 여자는 5분 내내 같은 말만 하고 있어." 내가 루카를 좌석 등받이에 바짝 밀어붙이고 속삭였어. "확실하진 않지만 저 여자가 누군가를 방이나 창고 같은 데 가둔 것 같아. 어? 저기 봐. 여자가 내린다!"

여자는 가벼운 옷차림에 해변에서 쓰는 검은 모자를 쓰고 있었어. 여자의 뒷모습이 점점 멀어져 갔어. 이번에도 얼굴을 보지 못했어.

"누나, 설마 저 여자가 무슨 짓을 했다고 생각하는 건 아니겠지?"

"루카! 여자가 하는 말 너도 들었잖아! 살았는지 죽었는지 모르는 상태로 내버려 뒀다고 했어! 네가 자고 있을 때 시안화칼륨에 대해서도 말했다고!"

"시안화칼륨이 뭔데?"

"아몬드 향이 나는 아주 강력한 독이야." 내가 참지 못하고 쏘아붙였어. "넌 추리 소설도 안 읽어 봤니? 하긴, 만날 저 분재에만 붙어 있느라 당연히 안 보셨겠지. 대체 언제 철들래?" 나는 화가 난 척했지만 사실은 겁이 났어. "우린 방금까지 무시무시한 살인자랑 같이 있었다고! 진짜 죽다 살아났네!"

"누나는 상상력이 너무 지나쳐서 문제야. 내 생각에 여자는 그냥 누군가랑 농담하고 있었던 것 같은데……."

우리가 말하는 사이, 기차가 천천히 다시 출발했어. 우리는 역에서 점점 멀어져 갔지. 창밖으로 작은 신문 가판대도 지나가고, 대합실도 지나가고, 영리한 개 람포의 동상도 지나가고, 이모도 지나가고…….

"카밀라 이모!" 우리가 놀라서 소리쳤어.

"누나, 여기가 캄필리아 역이잖아! 여기에서 내렸어야지! 이게 다 누나 때문이야! 쓸데없는 상상이나 하더니!"

내가 창문을 열려고 했지만 꿈쩍도 하지 않았어. 이모는 기차에서 내린 사람들 사이에 우리가 보이지 않아서 꽤나 당황한 눈치였어. 우리가 창문을 두들겨 보았지만 소용없었지.

"이모! 카밀라 이모!" 루카가 바보처럼 소리 질렀어. 그러더니 나를 휙 돌아보며 말했어. "이제 어쩔 거야?"

저 꼬맹이 녀석! 혼자서 아무것도 못하는 주제에! "뭐가 문제인데?" 내가 얼굴을 찌푸리며 말했어. 나는 무슨 일이 있을 때 쓰라고 엄마가 준 휴대 전화를 꺼내 이모한테 전화를 걸었어. "무슨 걱정이야?" 루카한테 한마디 하는 것도 잊지 않았지.

이모가 전화를 받으면 문제없잖아. 그런데 이모가 전화를 안 받아! 계속 통화음만 울렸어. 그러는 사이, 기차가 속력을 내기 시작했어. 카밀라 이모를 만날 때면 늘 이렇다니까. 어쩌면 좋지? 기차는 아랑곳하지 않고 제 속도로 달렸어. 나는 점점 자신감이 없어졌어.

"루카, 어서 배낭이랑 가방 챙겨. 문 쪽으로 나가 있자. 다음 역에서 내릴 거야." 나는 깊게 한숨을 내쉬었어. 짐짝 같은 남동생과 함께 있자니 정말이지 혼자가 된 것 같아. 내가 이번에도 아빠한테 분명히 말했어. 동생을 떠넘기지 말아 달라고! 내가 루카 없이 오길 얼마나 바랐는데……. 그랬다면 여자들끼리 진짜 신나게 휴가를 보냈을 거야. 이제 나도 엄연히 열두 살인걸!

"누나, 휴대 전화에서 소리가 났어."

"나도 들었거든! 이모가 문자 보냈어. 폴로니카 역에 내려서 기다리래. 내 말 듣고 있니?"

"누나, 저기 카밀라 이모야!" 루카가 놀란 목소리로 말했어. "이모가 창밖에서 우리를 쳐다보고 있어."

"무슨 말이야. 그건 불가능해. 우리가 얼마나 빨리 달리고 있는데!" 그런데 루카 말이 맞았어. 기찻길 옆 찻길로 이모의 자동차 로제타가 미친 듯이 달리고 있었어. 이모가 우리를 보며 손짓했어. 정말 이상한 느낌이 들었어. 기차는 달리고 있는데 로제타는 완전히 멈춰 있는 것처럼 보였거든.

"누나, 정신 나갔어? 입 좀 다물어."

괴물 같은 루카 녀석!

빛은 언제나 초속 30만 킬로미터?

저녁이 되었어. 마침내 우리는 근사한 시골집에 자리를 잡았어. 얼마 전에 고쳐 지은 진짜 농가야. 피노 할아버지랑 지젤라 할머니가 손보셨지. 피노 할아버지는 외할머니의 오빠야. 엄마랑 이모한텐 외삼촌이 되지. 루카랑 나는 아담한 두 개의 방에서 각자 지내기로 했어. 우리 방은 서로 작은 나무 문으로 연결되어 있었어. 온전히 나만의 공간은 아니었지만 나름 만족스러웠어.

나는 말끔히 샤워를 하고 옷을 갈아입었어. 그러고는 마당에 있는 등나무 밑 정자로 내려갔지. 거기에서 루카랑 이모가 저녁을 차리고 있었거든. 그런데 두 사람, 기차에서 살인자를 만난 일이 내 상상력이 지나쳤다고 여기는 눈치야. 그럴 만도 해. 아무것도 모를 테니! 루카는 평소처럼 자고 있었는데 뭘 알겠어! 그런데 저 녀석, 듣긴 들었을 거 아냐! 나

는 너무 기막히고 화가 났어! 그래도 오자마자 소란을 일으키기 싫어서 가만히 있었어. 다시 이야기할 때가 오겠지. 내가 이모한테 물었어.
"이모, 내가 이해가 잘 안 가서 그러는데, 이모는 왜 이런 시골구석에 있어? 엄마 아빠도 말 안 했어. 우리를 기차에 태우기 바빴거든. 둘이 밀라노에서 오붓한 시간을 보내고 싶었겠지."

"엄마 아빠 못됐다." 이모가 웃으며 말했어. 카밀라 이모는 유명한 마르게리타 악처럼 천체 물리학자야. 이모는 우리처럼 밀라노에 사는데, 틈만 나면 이모가 태어난 토스카나 주 피옴비노에서 지내. 오늘 우리는 이모를 만나러 이곳에 왔어. 개학하기 전 일주일 동안 여기 바닷가에서 지낼 거야. 몇 년 전, 루카랑 나는 이모 차를 타고 밀라노에서 피옴비노까지 밤새 끔찍한 여행을 했어. 그날 밤, 이모는 별과 행성, 은하에 대해 끝도 없이 말했지. 심지어 차를 세우고 치사 언덕에 올라가서 별자리를 보기도 했어.

"나는 천체 물리학자 일을 계속할지 아니면 다른 일을 구해야 할지 결과를 기다리고 있단다." 늘 그렇듯이 이모가 다정하게 웃으며 말했어. "너희도 알지? 내가 그동안 임시 직원이었잖아······."

"알아, 이모!" 우리가 대답했어.

"밀라노에서 빈둥거리면서 지겹게 기다릴 수도 있었지. 아니면 500미터만 가면 바다가 나오는 이곳에 오든가. 너희라면 어떻게 했겠니?"

이모 말처럼 이곳은 정말 아름다운 곳이야. 게다가 우리가 있는 이 시골집은 아주아주 커서 적어도 10명 정도는 거뜬히 지낼 수 있을 것 같았어. 집 앞에는 근사한 올리브 밭과 과수원도 있었어. 우리 셋은 별이 잘 보이는 의자에 나란히 누웠지.

"그런데 이모, 시골에 있으면 지루하지 않아?" 내가 웃으며 물었어.

"전혀. 친구들이 많이 놀러 왔었어. 어떤 친구는 여러 날 머물면서 수다도 떨고 바닷가에도 가고 산책도 했지. 그러다 보니 시간이 금세 지나가던걸."

"밀라노가 전혀 안 그리웠다고? 친구들이랑 술 한잔 하는 것도?" 내가 이모를 떠보려고 꼬치꼬치 캐물었어.

"진짜 하나도 안 그리웠다니까!" 이모가 피식 웃음을 터뜨렸어.

"이모, 나도 뭐 하나만 물어봐도 돼?" 사고뭉치 내 동생 루카가 지저귀듯 물었어. "아까 기차 안에서 창문으로 이모를 봤을 때, 이모가 마치 완전히 멈춰 있는 것처럼 보였거든. 그게 어떻게 가능해?" 루카는 이런 식으로 질문하는 걸 진짜 좋아해.

"누나를 잠시 길에 세워 두고, 너랑 내가 자동차를 타고 간다고 생각해 보자. 누나한테는 우리 둘 다 움직이는 걸로 보여. 그런데 너한테는 내가 멈춰 있는 상태로 보여. 그렇지?"

"당연하잖아. 우리는 같은 차에 타고 있으니까!" 루카가 말했어. "그런데 아까 이모는 기차 안에 없었고 기차 밖에 있었어."

"그래. 그런데 내 불쌍한 자동차 로제타가 사실 기차와 똑같은 속도로 달리고 있었거든. 그래서 마치 나도 너희와 함께 기차에 타고 있는 것처럼 보였던 거야. 그런데 진짜 흥미로운 사실은 로제타가 스포츠카만큼 빠르게 달렸다는 거지."

"말도 안 돼!"

"진짜라니까. 만약에 기차와 로제타가 똑같이 시속 150킬로미터로 달렸다고 해 보자. 그런데 서로 반대 방향으로 달리고 있었다면 너희는 뭘 봤을까?"

"그러니까 기차는 캄필리아에서 폴로니카로 향하고, 반대로 로제타는 폴로니카에서 캄필리아로 가는 거라면?"

"맞아."

"이모가 눈 깜짝할 사이에 우리 옆을 지나갔겠지."
"그럼 기차 안에 있는 너희가 보기에 눈 깜짝할 속도는 얼마였을까?"
"몰라. 엄청나게 빨랐겠지?"
"이모가 알려 주지. 길을 기준으로 측정한 자동차의 속도와 기차의 속도를 더한 것과 같단다. 만약 너희가 탄 기차에 속도 감시 카메라가 달려 있었다면, 반대편에서 달려오는 로제타의 속도가 시속 300킬로미터로 나왔을 거야. 스포츠카처럼 빠른 거지!"
"그러면 이모는 속도위반 벌금을 엄청나게 물었을걸!" 루카가 말했어.

 "이모 차가 스포츠카랑 똑같은 대접을 받는 건 벌금을 낼 때뿐이겠지." 나도 한마디 거들었어.
 "게다가 샛분홍 스포츠카라니. 웩!" 루카가 빈정거렸어.
 "이 녀석들, 우리 로제타를 놀린다 이거지……." 이모가 말을 이었어. "이번에도 잘 들어 봐. 로제타에 전조등이 켜 있었다고 생각해 보자. 기차에 달린 속도 측정 카메라에 전조등 불빛 속도는 얼마였을까?"
 "그게 뭐가 어려워? 기차의 속도랑 불빛의 속도를 더하기만 하면 되잖아." 내가 자신만만하게 대답했어.
 "다들 처음에는 그렇게 생각했어. 그런데 이후에 많은 실험을 해 보고는 그렇지 않다는 걸 알게 되었지. 지금 우리 사이에 전등 하나를 켜고 빛의 속도를 측정해 보면 초속 30만 킬로미터라는 결과가 나온단다. 그러니까 1초 동안 빛이 30만 킬로미터나 달린다는 거지."

"이모, 그건 나도 알아." 루카가 전혀 놀랍지 않다는 표정으로 말했어.

"그래도 이건 모를걸? 자동차가 시속 150킬로미터로 달릴 때에도 전조등 불빛의 속도는 똑같이 초속 30만 킬로미터란다!"

"빛의 속도와 자동차의 속도를 더하는 게 아니고?"

"그럴 것 같지? 그런데 그렇지가 않아. 빛의 속도는 반딧불이든 자동차든 별이든 빛을 내는 물체에 따라 달라지지 않아. 속도를 측정하는 사람에 따라서 달라지지도 않지. 빛의 속도는 언제나 일정해. 공기 중에서든 진공에서든 변함없이 **초속 30만 킬로미터**로 가지."

"자기 멋대로 하는 웃기는 녀석이군. 끝내주는데!" 루카가 말했어.

"물론 장애물을 만나지 않는다면 말이지……." 이모가 덧붙였어.

"이모?" 내가 끼어들었어. "얼른 저녁 먹고 자러 갈까? 휴가 첫날부터 이런 식이면 나는 밀라노로 돌아가겠어!" 나도 모르게 속마음을 말해 버렸어.

처음에는 이모가 조금 서운해 하는 눈치였어. 다행히 루카가 자기 분재들에 대해 떠드는 바람에 남은 시간이 순조롭게 흘러갔지. 루카랑 카밀라 이모가 수다를 떠는 사이, 9월의 첫날이 지나갔어. 이곳에 와서 정말 좋아!

카밀라 이모를 그냥 '밀라'라고 부르면 어떨까? 편한 친구처럼 말이야.

바닷가에서 원자를 세다니!

아, 정말 잘 잤어! 나는 원래 시골에서 자는 게 익숙지가 않아. 무서우리만큼 고요하잖아. 밀라노 같은 도시에서는 사람들의 소리나 자동차, 텔레비전, 청소기가 내는 소음이 항상 들려. 그런데 이곳은 마치 구름 속에 있는 것처럼 조용해.

내가 눈을 떴을 때가 10시 반이었어. 창문 틈으로 따스한 아침 햇살 한 줄기가 들어왔어. 어제 저녁을 먹은 등나무 아래에도 햇살이 비추었지. 빛은 모든 유리창으로 초속 30만 킬로미터로 들어와. 집 창문에도, 배와 비행기의 창문에도, 아빠가 매일 찾아 헤매는 안경에도 똑같은 속도로 들어오지. 솔직히 나는 아직 빛에 대해 잘 모르겠어. 이모한테 좀 더 물어볼래. 나는 세상 모든 빛이 들어올 수 있게끔 창문을 활짝 열었어. 그러고는 아래층으로 내려갔지.

"루카! 이모! 바닷가 가자!"

집에서 바닷가까지 좁다란 흙길을 따라가야 했어. 길은 개울을 건너는 나무다리와 이어져 있었어. 다리를 건너자 소나무 숲이 나왔지. 숲 너머

에는 폭이 10미터쯤 되는 아름다운 모래사장이 펼쳐져 있었어. 고운 모래 알갱이들이 하얗게 반짝였지. 갑자기 궁금한 게 떠올랐어.
"이모, 모래는 알갱이로 이루어졌고, 알갱이는 원자로 이루어졌잖아.
그러면 모래 알갱이 하나에는 원자가 몇 개 들어 있어?"

이모가 곧바로 대답했어. "날 따라와!" 우리는 바닷가까지 빠른 걸음으로 걸었어. 이모는 모래 위에 막대기로 무언가를 끄적였어. "모래 알갱이 하나의 질량은 대략 1000분의 1그램이야. 모래는 대부분 석영으로 이루어졌어. 석영은 다시 규소와 산소 원자로 이루어졌지. 계산해 보자." 이모는 모랫바닥에 10의 제곱들을 곱하고 나누었어. 몇 초 뒤, 이모가 말했어. "모래 알갱이 하나에는 대략 4000억 곱하기 1억 개의 원자가 들어 있어. 숫자 4뒤에 0이 19개나 붙는 거지!"

"그럼, 사람은?"

"몸무게가 70킬로그램인 사람으로 말해 볼게. 우리 몸은 대부분 물로 이루어져 있지. 물은 수소와 산소 원자로 이루어졌으니까……." 몇 초 뒤, 이모가 모랫바닥에 엄청난 숫자를 쓰기 시작했어. "대략 7천억 곱하기 1억 곱하기 1억 개의 원자로 이루어졌어. 7뒤에 0이 27개나 붙는 거야."

"이건 직접 써 봐야겠는데! 누나, 나를 그려 봐." 루카가 드러눕자 내가 루카 몸의 가장자리를 따라 테두리를 그렸어. 물론 내 동생이 70킬로그램이나 나갈 리는 없지! "이제 0을 잔뜩 쓰는 거야!" 루카가 벌떡 일어나 모래 위에 원자의 수를 써 내려갔어.

원자는 얼마나 클까?

"그러니까…… 원자는 아주아주 작다고 할 수 있답니다!" 루카가 바보처럼 말했어.

"이모, 이제 **원자의 크기**가 얼마나 되는지 말해 줘야지." 내가 이모를 떠보려고 물었어. "할 수 있겠지?"

"내가 시간이 남아돌아서 얼마나 다행인지 몰라." 이모가 방긋 웃으며 대답했어. "잠시만. 원자 한 개의 크기는 대략 1억 분의 1센티미터야. 1센티미터를 1억 개로 나눠야 하는 거지."

"상상이 잘 안돼!"

"실감이 나는 예를 찾아볼까. 네 집게손가락 손톱을 보여 줘. 네 손톱 길이가 1센티미터 정도 되거든. 이걸 똑같이 10개로 나눠. 그리고 그 중 하나를 또 똑같이 10개로 나누는 거야. 그렇게 8번을 나누면 1억 분의 1센티미터가 되지. 그게 바로 원자 한 개의 크기란다."

"이모, 몇 번 나누다가 다 까먹겠어. 너무 작아져서 얼마나 작은지 상상하기도 어렵고."

"그럼 반대로 해 보자. 원자 하나가 이 조개껍데기만큼 크다고 가정하는 거야. 조개껍데기가 네 손톱 길이만 하지? 그럼 원자 하나가 1센티미터가 되는 거잖니. 그렇다면 네 손톱은 얼마나 클까?"

"원자 한 개가 1억 배 커지면 되니까, 내 손톱도 1억 배 커지면 돼."

"맞았어! 아까 네 손톱이 대략 1센티미터라고 했으니까, 1억 센티미터 정도가 될 거야. 100만 미터 또는 1000킬로미터가 되는 거지. 정리해 보면, 원자 한 개가 1센티미터 되는 조개껍데기와 크기가 같다면, 네 손톱 길이는 약 1000킬로미터가 되어야 하지. 그러면 피옴비노에서 파리까지 거리쯤 되겠구나."

"긴 손톱은 정말 싫어." 물어뜯은 손톱을 보며 내가 말했어.

원자 1개의 크기가 1센티미터라면, 네 손톱은 이탈리아 피옴비노에서 프랑스 파리까지 거리만큼 커져야 해!

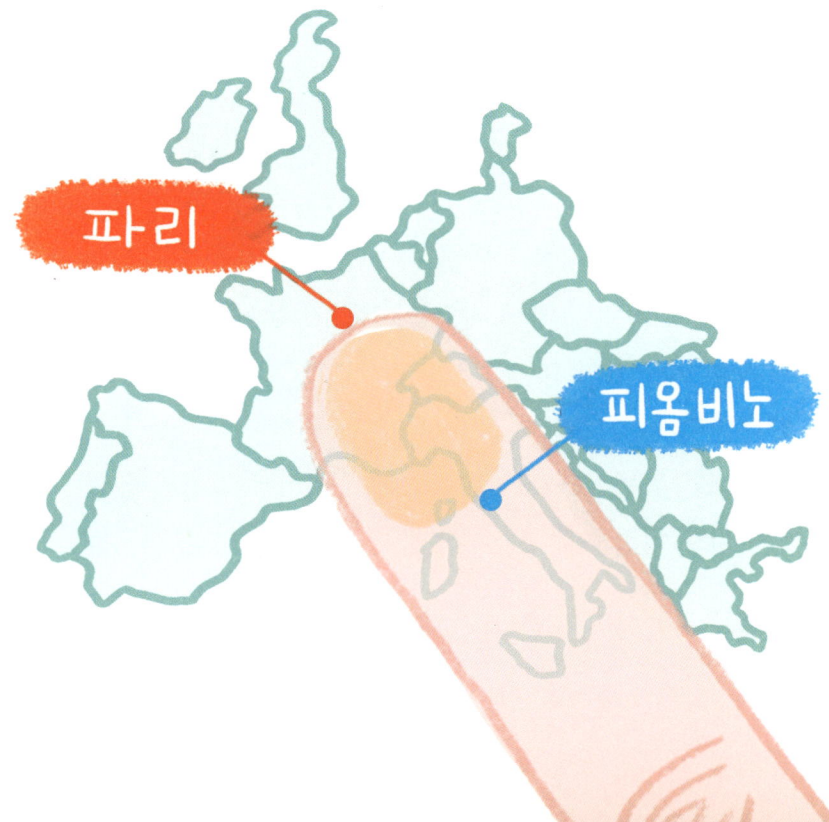

박살 난 무화과

오늘은 바닷가에서 점심을 먹을 거야. 카밀라 이모가 빵과 올리브기름, 소금과 토마토를 준비했어. 정말 먹음직스러워! 방금 썬 신선한 햄이랑 후식으로 무화과까지 있어! 우리는 모래 위에다가 식사 준비를 했어. 송송 구멍 난 식탁보를 수건 위에 깔고 모래 위에 앉았어. 지금 내 마음이 어떤지 알아? 정말 행복해!

"이모가 천체 물리학자 가운데 최고야!" 내가 무화과를 하나 집으면서 말했어.

"카밀라!" 낮고 굵직한 목소리가 들려왔어. "와, 드디어 카밀라를 만나는구나. 미키, 너도 카밀라 본 적 있지?" 이모가 뒤돌아보려는 순간, 어마어마하게 큰 남자가 우리 식탁을 덮치고 말았어. 이제껏 본 적 없는 엄청나게 큰 코커스패니얼 개처럼 보였지. 접시, 포크, 숟가락, 유리잔, 그리고 아직 입도 안 댄 무화과들이 모랫바닥에 나뒹굴었어. "미안, 카밀라." 아저씨가 무릎을 꿇은 채로 말했어. 함께 온 미키 아줌마가 그 광경을 보고 깔깔 웃어 댔지.

루카는 잔뜩 겁에 질린 눈치야. 이모는 정지 단추를 누른 것처럼 꼼짝도 않고 있었어. 잠시 뒤, 이모가 정신을 차리고 말했어. "스피치, 여기는 어쩐 일이야?"

"스피치라고? 이모, 잠깐만!" 내가 끼어들었어. "이모가 우리 음식 위에 짐승처럼 달려든 저 남자를 안다고? 이것 좀 봐! 저 아저씨가 무화과를 원자처럼 산산조각 내 버렸어! 얼른 말해 줘. 안 그러면 진짜 화낼 거야!" 나는 슬슬 열이 났어.

"스피치, 이게 몇 년 만이야. 몇 년 동안 소식도 못 들었네." 이모가 아저씨를 뚫어지게 쳐다보며 말했어. "나는 네가 미국에 돌아간 줄 알았어." 이모가 다시 우리를 보며 말했어. "스피치는 피사에서 대학을 졸업했어. 박사 과정을 밟으면서 내가 일하는 팀과 함께 있었지. 음, 내가 일했던 팀이라고 해야 하나. 그러고 나서 캘리포니아에서 몇 년 있었지. 미키도 내 친구이자 동료야. 원래 이름은 미켈라이고."

나는 스피치 아저씨를 곁눈질했어. 아저씨의 수영복에 마지막 남은 무화과 한 개가 붙어 있었어. 아저씨는 무화과를 몹시 싫어하는 게 분명해! 그러거나 말거나! 나는 이모 쪽으로 고개를 휙 돌렸어.

"혹시 이 분도 이모처럼 놀고 계셔?" 나는 미키 아줌마를 가리키며 나름 상냥하게 물었어. 딱 수건에 붙은 아주 작은 무화과만 한 예의랄까.

"몇 주 전쯤, 에밀리오가 너를 만나러 간다더라고. 그래서 나랑 미키도 가겠다고 말했어." 스피치 아저씨가 말했어.

"미리 연락이라도 하지 그랬니?"

"네 번호가 없어." 아저씨가 멋쩍게 웃으며 말했어. 미키 아줌마가 저 엉망진창 아저씨의 여자 친구가 아니었으면 정말 좋겠어. "있잖아. 미키가 결혼하기로 했거든. 너한테 꼭 말해 주고 싶대!"

"미키, 정말이야?" 이모가 놀라서 물었어.

"응…… 스피치, 내가 말할게." 미키 아줌마가 웃으며 말했어.

"설마, 이 아저씨랑? 아니죠?" 앗, 이럴 수가! 나도 모르게 속마음을 말해 버렸어.

미키 아줌마가 또다시 웃음을 터뜨렸어. 어찌나 깔깔대던지! 잠시 뒤, 미키 아줌마가 불길한 짐작을 확인시켜 줬지. "그래, 맞아. 스피치랑 봄에 결혼할 거야!" 불쌍한 미키 아줌마. 어쩔 수 없지, 뭐.

나는 바닷가에 있는 루카한테 갔어. 우리는 수다도 떨고 배구도 하고 산책도 하고 수영도 했어. 내가 가장 좋아하는 《호밀밭의 파수꾼》도 읽었어. 이 책을 보면, 남자들에 대한 내 생각이 역시 틀리지 않은 거 같아. 그렇게 오후가 금방 지나갔지.

완전히 텅 비었어!

"누나, 원자들은 무엇으로 이루어져 있을 것 같아?" 루카가 물었어. 나는 구운 닭 다리를 물어뜯고 있었지. 우리는 다 같이 모여 앉아 저녁 식사를 하고 있었어. 미키 아줌마와 스피치 아저씨도 함께 말이지. 솔직히 미키 아줌마는 이모를 독차지하려고 여기 온 것 같아. 오후 내내 둘이서

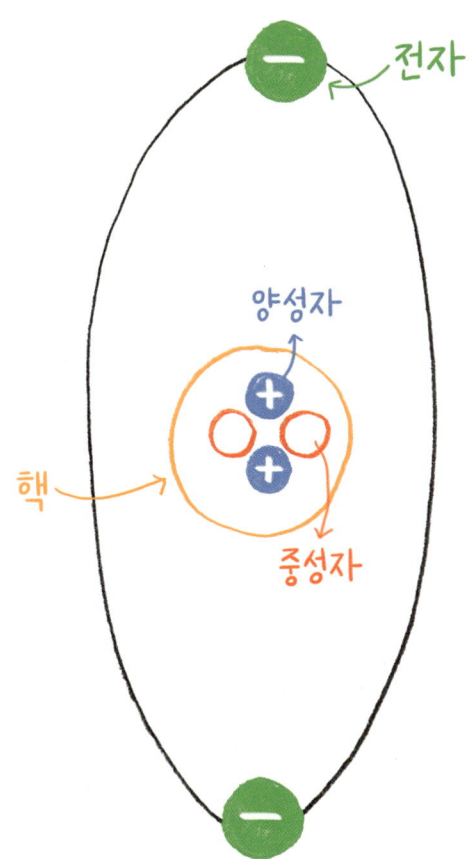

쉴 새 없이 수다를 떨고 있어. 코커스패니얼 같은 스피치 아저씨한테 우리를 맡겨 놓고서 말이야.

"누나! 원자들이 무엇으로 이루어진 것 같으냐고?" 루카가 되물었어. 나는 석쇠 위에서 익고 있는 채소를 집으러 가며 뜸을 들였지. 생각할 시간이 필요했거든. 물론 먹을 시간도!

"뭐, 한마디로 공 같은 거 아니겠어?" 내가 생각 끝에 대답했어. 꽤 그럴듯해! 천체 물리학이 다루는 세계는 모두 공으로 이루어져 있잖아. 행성과 별처럼 말이야. 원자도 마찬가지겠지.

"꼭 그런 건 아니야." 스피치 아저씨가 끼어들었어. 내 무화과를 박살 낸 것도 모자라서 이젠 내 말까지 박살 내려고! "원자는 핵과 전자로 이루어져 있어. 핵은 다시 양성자와 중성자라는 입자들로 이루어져 있지. 중성자는 말 그대로 중성적이라 전하가 없단다. 반면, 양성자랑 전자는 전하를 가지고 있어. 물론, 둘은 서로 반대 전하를 가졌어. 양성자는 +전하를, 전자는 -전하를 가졌지. 아저씨는 우리 이모만큼 설명을 잘하지

는 못하는 것 같아.

"그러면 핵은…… 딱딱한 살구씨 같은 거예요?" 루카 녀석, 꼭 저렇게 식물이랑 비교해서 말을 하지!

"응, 대략 핵이 '원자의 씨'라고 할 수 있겠지." 스피치 아저씨가 만족스러운 듯 고개를 끄덕였어.

"양성자랑 중성자는 어떻게 구별해요?" 루카가 끼어들며 물었어. "아이스크림 가게에 가면 아이스크림을 공 모양으로 떠 주잖아요. 양성자랑 중성자도 두 가지 맛 아이스크림을 얹은 것처럼 생겼나요?"

"아니. **양성자**와 **중성자**는 원자 한가운데에 뭉쳐 있어. 전자는 핵 바깥에 있고."

"그러면 어떻게 움직여요?" 내가 끼어들었어. 아저씨가 어떻게 말할지 궁금했거든.

"한때는 전자가 작은 공처럼 생겼고 핵 둘레를 돈다고 생각했어. 마치 태양계에서 모든 행성들이 태양 둘레를 도는 것처럼 말이야. 너희가 원한다면, 원자를 태양계로 상상해도 좋아. 원자의 핵은 태양이고 전자는 행성들인 거지. 꼭 맞는 건 아니지만."

"이미 너무 복잡해요. 맞는 것에나 집중하는 게 어때요?" 내 입을 정말 틀어막고 싶다니까!

"알겠어. 나는 핵을 올리브라고 상상하는 게 좋아. 마침 바지 주머니에 올리브 하나가 있네. 자, 여기. 올리브의 크기는 1센티미터 정도야."

"당연히 그렇겠죠. 카밀라 이모는 내 집게손가락 손톱도 1센티미터랬어요. 조개껍데기도 1센티미터고요. 물리학자들은 복잡한 계산을 할 때마다 무조건 1센티미터라고 하는가 봐요." 내가 비꼬았어.

스피치 아저씨가 꽤나 당황한 눈치더니 웃음을 터뜨렸어. 이 아저씨, 그렇게 나쁘지는 않은데. "맞아! 1센티미터로 하면 계산이 훨씬 간단하거든." 아저씨가 인정했어. "전자는 핵에서 핵 크기의 10만 배나 먼 곳에도 존재할 수 있어. 명왕성에서 태양까지 거리도 태양 지름의 4000배밖에 안 되는데 말이야. 태양계에서 명왕성이 가장 먼 행성이었잖아. 지금은 행성 이름을 빼앗겼지만."

"태양계 이야기는 그만하고 핵과 전자 사이에 뭐가 있는지 알려 주세요." 원래 나는 사람들이 말할 때 끼어드는 걸 안 좋아하는데, 이상하게 아저씨한테만 그렇게 됐어.

"아무것도 없어. 완전히 비어 있어."

"비어 있다고요? 오늘 아침에 이모가 사람은 7000억의 억의 억 개의 원자로 이루어졌다고 말해 주었는데요." 루카가 놀라서 소리쳤어. "그런데 아저씨는 이 원자들이 비어 있다고 말하는 거예요? 그러면 우리는 무엇으로 만들어진 거죠?"

"전자 하나가 핵 둘레를 돈다고 생각해 보자. 이 전자는 핵 둘레를 아주 빠르게 휙휙 돌아." 아저씨가 식은땀을 흘리며 말했어. "핵이 1센티미터 크기의 올리브라면 전자는 약 1킬로미터 되는 공간을 구름처럼 차지한단다. 커다란 솜사탕 한가운데 올리브가 있다고 상상해 봐."

"웩, 그게 뭐예요. 올리브 솜사탕이라니! 차라리 버찌가 낫겠어요." 내가 말했어.

"대추는 어때? 피노 할아버지가 진짜 좋아하잖아." 루카도 거들었어.

"너희 맘대로 해. 무조건 한가운데에 알맹이 크기가 1센티미터면 돼.

양성자와 중성자로 이루어진 버찌가 한가운데에 있고, 그 둘레를 전자가 돌고 있는 거지. 핵이 1센티미터라면 원자는 10만 배 크니까 솜사탕 크기가 1킬로미터쯤 되겠구나. 그렇다고 솜사탕을 전자로 만드는 건 아니야. 솜사탕처럼 재빠르게 돌지만 전자가 설탕은 아니잖니." 아저씨는 자기가 말해 놓고도 어이가 없었는지 피식 웃음을 터뜨렸어.

내가 한 손으로 머리카락을 넘기면서 봤더니 루카가 눈을 내리깔고 킥킥대고 있었지.

"이 특별한 솜사탕을 **확률 구름**이라고 하자. 명확하지?" 스피치 아저씨가 땀을 뻘뻘 흘리며 말했어. 그동안 우리한테 이야기해 준 카밀라 이모를 얕본 모양이야. 나는 억지로 고개를 끄덕였어. 아저씨랑 티격태격하긴 싫었거든.

"그러니까 우리가 이런 확률 구름으로 이루어졌다고요?"

하나도 안 믿겨! 아저씨도 바로 바꿔 말했어. "아니! 우리는 핵과 전자를 함께 묶어 놓는 힘으로 만들어졌단다."

"그런데 핵은 전자가 차지하는 구름에 비해 너무 작잖아요. 구름은 물질이 아니고요. 그렇죠?"

"그래, 맞아. 확률 구름은 핵과 전자를 함께 묶는 힘으로 차 있는 거지." 아저씨가 애써 풀어 말했어.

"음, 그러니까 입자도 없고, 실제로는 텅 비었다는 거네요. 그 말은 곧 우리도 비어 있다는 거고요. 완전히!" 내가 샐쭉 웃으며 아저씨를 쳐다봤어.

"응, 그렇게 말할 수도 있겠지." 아저씨가 곰곰이 생각하더니 눈을 반짝이며 말했어. "핵이 전자보다 질량이 훨씬 크니까 원자에서 빈 공간을 모조리 뺀다면, 우리가 얼마나 작아질지 계산할 수 있을 거야."

"어떤 답이 나올지 겁나는데요." 내가 비꼬았어.

"네 말이 맞아. 그런데 미키가 가려나 봐. 나도 그만 가 봐야겠어. 계산하는 건 숙제로 남겨 줄게. 답만 먼저 알려 주자면, 지구에 있는 모든 사람들을 다 합쳐도 물방울 몇 개밖에 안 될 거야."

스피치 아저씨가 일어나더니 이모에게 입을 맞추고 포옹을 하며 인사를 했어. 그러고는 미키 아줌마랑 서둘러 돌아갔지.

너라면 저 아저씨 같은 사람을 참을 수 있겠어? 갑자기 나타나서 내 무화과를 산산조각 내고, 우리가 완전히 텅 비었다고 말하고 사라져 버리다니! 정말, 나는 아저씨 같은 사람은 이제껏 만난 적도 없고, 다시는 만나고 싶지도 않아. 무화과도 다시는 그렇게 잃고 싶지 않고! "이모, 제발 내 의심을 풀어 줘." 내가 이모 침대에 털썩 누우면서 말했어. "물리학자 친구들이 모두 스피치 아저씨 같은 건 아니지? 응?"

9월 3일 월요일
주사위 같은 확률 세상

접붙이기와 주사위 게임

오늘 아침은 너무 조용해서 잠이 깨 버렸어. 어제까지는 이런 고요함이 정말 좋았는데, 오늘은 왠지 머릿속이 너무 복잡했지. 우리 안이 비어 있다는 사실을 알고부터는 마음이 편치 않았거든. 가시에 손가락을 찔렸다고 생각해 봤어. 내 몸이 바람 빠진 풍선처럼 되어 버리면 어떡하지? 아니야, 그럴 리 없어. 풍선은 공기로 가득 차 있어서 공기가 빠지는 건데, 우리는 그냥 비어 있는 거잖아. 그러니까 아무것도 나올 게 없는 거지. 들어간다면 또 모를까.

그럼 이건? 루카랑 내가 껴안았는데 나랑 루카의 원자들이 서로 엉겨 붙으면 어떡하지? 가위를 집었는데 가위 원자가 나랑 섞이면 내 손이 가위가 되는 거야? 그럼 나는 '가위손 안나'? 말도 안 돼!

그래, 창문을 열어서 환기 좀 시켜야겠어. 이모랑 루카는 잘 가꾼 올리브 밭을 산책하고 있었어. 루카는 아침부터 활기차 보였어. 나는 옷을 갈아입고 둘한테로 갔어.

"이모, 올리브 나무로 분재할 건데, 원뿌리 하나만 가져도 될까?"

"피노 할아버지가 오면 여쭤 보자." 이모가 대답했어. "피노 할아버지는 날마다 여기에 오셔. 여기에 있는 접목들을 새로 만들기도 하고 손보기도 하시거든." 원뿌리? 접목? 날 빼놓고 둘이서 한참 이야기했나 봐.

"안녕, 좋은 아침! 둘이 무슨 얘기하고 있었어?" 내가 활기찬 목소리로 물었어.

"안나, 이것 봐." 이모가 반대편으로 나를 20미터쯤 데려가더니 앙상한 나무 하나를 가리키며 말했어. 솔직히 나무라기보다 비틀어진 막대기 같았지. "여기 좀 봐." 이모가 허리를 굽혀서 나무줄기에 묶은 끈을 가리키며 말했어. "끈 아래부터 뿌리까지는 살구나무이고 끈 위로는 벚나무란다."

"이모, 무슨 말이야? 나는 아직 아침도 못 먹었거든. 어서 가자."

우유 한 잔이랑 버찌 잼이랑 빵이랑 마주하니 머리가 한결 잘 돌아가는 것 같았어. 이모의 이야기를 정리해 봤어. "그러니까 내가 이해한 게 맞는다면, 피노 할아버지는 벚나무 가지 하나를 살구나무의 몸통에 붙여. 그렇게 하면 가지에는 버찌가 열리고 뿌리는 살구나무로 자라는 거지. 맞아?"

"난 정말 똑똑한 누나를 뒀다니까!" 루카가 놀려 댔어.

"루카, 잘난 체하지 마! 너는 분재를 키우느라 식물과 나무에 대한 책들을 수없이 읽었잖아!" 내가 말했어. "그런데 이게 정말 가능해? 서로 다른 종류의 나무를 붙이다니……. 이건 마치 기린의 목과 머리를 거북이의 몸통에 붙이는 것 같잖아. 불가능해!"

"서로 함께 자랄 수 있는 식물을 잘 접붙이면 충분히 가능해." 이모가 말했어. "나무줄기와 가지 속에는 나무에 영양분을 공급하는 수액이 흘러. 나무끼리 접붙일 때에는 수액이 서로 잘 흐르게 하는 것이 중요하지.

팔에 손을 붙인다고 생각해 봐. 피가 팔에서 손으로, 또 손에서 팔로 잘 통하려면 혈관들을 잘 연결해야겠지. 이리 와 봐." 이모는 피노 할아버지가 다양하게 접붙인 50여 그루의 나무들을 보여 줬어. 심지어 어떤 나무는 '무지개 맛 과일 나무' 같았어. 다섯 가지 종류의 복숭아나무 가지들을 한 줄기에 접목한 거야. 꼭 대형 슈퍼마켓에 있는 과일 진열대에 와 있는 것 같기도 했어. 다른 점이 하나 있다면, 이곳에서는 과일들이 나뭇가지에 매달려 있다는 거지.

"피노 할아버지는 접붙이기를 왜 이렇게 많이 하는 거야?"

"접붙인 나무들이 다 잘 사는 건 아니거든. 어떤 나무는 튼튼하게 자라지 못하기도 하고 어떤 나무는 열매를 맺지 못하기도 하니까. 심한 경우에는 죽기도 해. 꼭 주사위를 던지는 것 같아. 어떤 결과가 나올지 모르는 거지."

확률로 선택해!

"얘들아, 이모는 캄필리아 역에 다녀와야 해." 이모가 자동차를 향해 종종걸음 치며 말했어. "엘레나랑 남자 친구 에밀리오가 오고 있거든. 너희한테 말한다는 걸 깜박했네. 둘이 바닷가에서 기다릴래? 아니면 나랑 역에 같이 갈래?"

루카가 조금 당황한 표정으로 나를 바라봤어. "이모 친구들이 또 온다고? 설마 어제 왔던 친구들 같진 않겠지? 그냥 바닷가에 가는 게 낫지 않을까?" 내가 고개를 흔들며 속삭였어.

"안나, 바보 같은 소리 말고 나랑 같이 가자. 그러고 나서 모두 함께 바닷가에 가는 거야!" 이모가 말했어. "너희도 아마 엘레나를 알 거야. 나랑 대학 동기였거든. 엘레나는 물리학을 전공하고, 의료 응용 분야로 뛰어들었어. 정말 유쾌한 친구지. 너희들도 분명히 마음에 쏙 들걸. 에밀리오는 아마도 엘레나의 남자 친구일 거야. 나는 에밀리오랑 아주 친하진 않거든. 어쩌면 둘은 우리랑 며칠 지내게 될 거야!"

"아마도? 어쩌면? 이모! 이모는 정말 예측할 수가 없다니까!" 내가 웃으며 말했어. 아무튼 우리는 다 같이 출발했지. 내가 차를 타자마자 덧붙였어. "이모, 나는 예측할 수 없는 게 정말 좋아!"

"알아, 알아! 루카도 그렇지?" 이모가 뒤돌아보면서 루카한테 물었어.

"솔직히 말하면 나는 분재가 더 좋아. 내가 분재를 어떻게 자라게 할 건지 결정할 수 있거든."

"그런데 너희 확률이 뭔지 알아?" 갑자기 무슨 생각이 떠올랐는지 이모가 물었어.

"물론이지! 주사위 게임이나 복권을 생각하면 되는 거잖아. 맞지?"

"그렇다고 할 수 있지." 이모가 늘 그랬듯이 굽은 길에서 핸들을 거칠게 돌리면서 말했어. 이러다가 찻길을 벗어나서 배수로에 처박히는 건 아닌지 몰라! "주사위를 던진다고 생각해 봐. 주사위는 직육면체이고, 각 면마다 점이 한 개부터 여섯 개까지 찍혀 있지. 너희가 주사위를 던져서 숫자 6이 나올 확률이 얼마나 될까?"

"루카가 던지면 매번 6이 나올걸! 속임수를 아주 잘 쓰시거든. 저 녀석이랑 주사위 게임을 하다가 그만둔 적도 있다니까." 내가 열이 받아서 말했어.

"웃기지 마! 누나가 주사위를 제대로 못 던졌으면서!" 동생이 올리브 나뭇가지를 만지작거리며 말했어.

"얘들아, 싸우지 마! 그러면 말이야. 주사위를 100번 던진다고 생각해 봐. 너희 생각에는 6이 몇 번이나 나올 것 같니?"

"글쎄, 몇 번은 나오겠지. 1이 나올 때도 있고, 2가 나올 때도 있고…… 6이 나올 때도 있으니까. 맞아?" 우리가 대답했어.

"맞기는 한데, 내가 물은 건 6이 몇 번이나 나오느냐는 거지?"

"주사위를 던져서 나올 수 있는 수가 1부터 6까지니까 6이나 다른 수들이나 모두 비슷하게 나오는 거 아니야?" 내가 대답했어.

"맞아. 그러니까 6이 평균적으로 몇 번 나오는지 계산하려면 100을 6으로 나누면 돼."

"값이 얼만데?" 루카가 물었어.

"17번이 조금 안 돼. 그렇다고 주사위를 100번 던진다고 해서 무조건 6이 17번 나온다는 건 아니야. 평균이 그렇다는 거지. 그러니까 주사위를 100번 보다 훨씬 더 여러 번 던진다면, 6이 나오는 횟수가 던진 횟수의 6분의 1이 된다는 뜻이야."

"흠……." 루카가 끙끙 앓는 소리를 냈어.

"루카, 그럼 동전을 던지면 어떻게 될까?"

"동전은 양면이니까 반은 그림이 나오고, 반은 숫자가 나와." 루카가 곧바로 대답했어.

"이제 어려운 문제를 낼게. 예를 들어서, 사랑하는 루카한테 이모가 분재 하나를 선물해 주고 싶어. 내가 화분 가게에 가서 네가 좋아할 만한 분재를 세 개 예약해 놨단다. 그 중에서 네가 마음에 드는 걸 하나 고를 수 있도록 말이야. 네가 이모가 고른 분재들을 보러 갔는데 문제가 생기고 말았어. 가게 주인이 네 결정을 초조하게 기다리는 사람이 많다면서 네가 첫 번째 분재를 보고 그걸 살지 말지 바로 결정하라고 했지. 그걸 안 산다고 하면 두 번째 분재를 보여 주고, 두 번째 분재도 안 산다고 하면 세 번째 분재를 볼 수 있다는 거야."

"그냥 세 개를 한꺼번에 보면 안 돼?" 루카가 물었어.

"주인이 그건 안 된다고 했어." 이모가 말했어.

"만약 첫 번째 분재를 선택하지 않고 두 번째 분재를 봤는데, 첫 번째가 더 나으면 어떡해?" 저 바보, 이모가 진짜로 사 주는 줄 아나 봐.

"루카, 이모가 이미 말했잖아. 가게 주인이 네가 분재를 선택 안 할 때마다 다른 사람한테 바로 팔아 버린다고." 내가 말했어.

"나는 이 주인이 마음에 안 들어. 이모 이렇게 하면 어때? 나한테 돈을 주면 내가 밀라노에서 마음에 드는 걸 사는 거야!"

"그건 안 돼!"

"그럼 세 개 모두 선물해 주면 되잖아!"

"이 문제를 맞히면 한 개는 꼭 사 줄게. 가장 멋진 분재를 고르려면 어떻게 해야 할까? 힌트를 줄게. 주인이 그러는데 분재 세 개 가운데 하나는 진짜 멋지고, 하나는 진짜 못생겼고, 하나는 둘의 중간쯤 된대."

루카가 꽤나 괴로운 눈치였어. "주인이 날 도와주면 안 돼? 어쨌든 첫 번째 분재가 좋으면 그냥 그걸로 할래." 루카가 불쑥 말해 버렸어.

"루카! 단순히 괜찮은 분재를 고르는 문제가 아니야. 가장 멋진 분재를 선택할 확률을 높이는 문제라고!" 내가 다그쳤어.

"그건 그렇지만 나는 모르겠어. 누나는 알아?"

"당연하지!" 내가 짜증 섞인 목소리로 말했어. "내가 답을 맞힐 테니, 이모가 루카한테 분재를 사 줘!" 이모가 대답하기도 전에 말을 이었어. 실없는 놀이에 지쳤거든! "첫 번째 분재는 무조건 탈락시켜."

"첫 번째 분재가 멋있어도?" 루카가 놀라서 물었어.

"응, 무조건! 그리고 두 번째 분재가 첫 번째 분재보다 괜찮으면 두 번째 분재를 선택해. 첫 번째보다 못하면 탈락시키고 세 번째를 선택해."

이모가 놀라서 나를 뚫어지게 쳐다봤어. 운전 중인 것도 까맣게 잊고 말이야. "맞아, 정답이야! 어떻게 10초 만에 알아맞혔어?"

"아무거나 그냥 선택하면 가장 좋은 분재를 고를 확률은 3분의 1밖에 안 되지. 그런데 내가 방금 말한 대로 하면 가장 좋은 분재를 선택할 확률은 2분의 1이 되잖아."

"루카, 알겠니?" 이모가 묻자 동생이 고개를 끄덕였어. 저 녀석, 사실은 잘 모르면서!

안나가 정한 규칙!

1. 첫 번째 분재는 무조건 탈락시켜.
2. 두 번째 분재가 첫 번째보다 나으면, 무조건 두 번째를 선택해. 그렇지 않으면 세 번째를 선택해.

안나가 첫 번째로 볼 분재를 A, 두 번째로 볼 분재를 B, 세 번째로 볼 분재를 C라고 하자. > 부호는 '~보다 멋지다'는 뜻이야. 그럼 아래와 같이 여섯 가지 경우가 가능해!

	안나의 선택	결과
A > B > C	A는 무조건 탈락! B가 A보다 못하니까 C를 선택해.	C가 가장 멋진 분재가 아니야. 실패!
A > C > B	A는 무조건 탈락! B가 A보다 못하니까 C를 선택해.	C가 가장 멋진 분재가 아니야. 실패!
B > A > C	A는 무조건 탈락! B가 A보다 멋져! B를 선택해.	가장 멋진 분재를 선택했어. 성공!
B > C > A	A는 무조건 탈락! B가 A보다 멋져. B를 선택해.	가장 멋진 분재를 선택했어. 성공!
C > B > A	A는 무조건 탈락! B가 A보다 멋져! B를 선택해.	B가 가장 멋진 분재가 아니야. 실패!
C > A > B	A는 무조건 탈락! B가 A보다 못하니까 C를 선택해.	가장 멋진 분재를 선택했어. 성공!

안나가 여섯 가지 경우 중 세 번은 가장 좋은 분재를 선택했어! 가장 멋진 분재를 선택할 확률이 50퍼센트인 거지. 만약 분재를 아무렇게나 고른다면 가장 멋진 분재를 선택할 확률은 33.3퍼센트밖에 안 돼.

드디어 역에 도착했어. 엘레나 아줌마랑 에밀리오 아저씨가 람포 동상 옆에서 우리를 기다리고 있었지. 약속 시간보다 5분밖에 늦지 않았다니! 이모 인생에서 정말 드문 경우야. 이모한테는 30분쯤 늦는 게 정상이거든. 엘레나 아줌마는 좋은 사람 같아. 에밀리오 아저씨도 멋져. 아저씨는 키가 크고, 짙은 색 머리에 두꺼운 안경을 쓰고 있었어. 얼굴빛은 심하게 창백했지!

우연히 생긴 우주

우리는 오후 내내 바닷가에 있기로 했어. 아쉬운 점이 하나 있다면 바다가 너무나 고요하다는 거였지. 잔잔한 파도도 없었고 큰 파도도 없었어. 따뜻한 바닷물만 잔잔하게 펼쳐져 있었지. 뭔가 새로운 놀이가 필요해! 아니면 너무 지루할 것 같아.

바닷가에는 사람이 그리 많지 않았어. 날씨가 아주 맑아서 엘바 섬이 선명하게 보였어. 질리오 섬과 몬테크리스토 섬, 그리고 리보르노 맞은편의 카프라이아 섬도 보였지. 엘레나 아줌마랑 이모가 바닷가를 따라 거닐었어. 둘이 무슨 이야기를 하는 걸까? 엘레나 아줌마는 정말 예쁜 것 같아. 에밀리오 아저씨는 햇볕에 드러누워 살갗을 그을렸지. 아저씨는 온몸이 정말 하얘. 햇빛을 전혀 못 보고 지낸 사람 같았지. 아저씨를 좀 괴롭혀 볼까? 여기까지 왔는데 우리를 무시하고 혼자서 즐기게 놔둘 수는 없잖아.

"저기요!" 내가 불렀어. "그런데 아저씨는 어떤 사람이에요? 무슨 일

을 해요? 설마 지긋지긋한 그 일은 아니겠죠?"

에밀리오 아저씨가 창백한 팔꿈치로 바닥을 짚고 몸을 일으켰어. 그러더니 햇빛에 눈이 부신지 실눈을 뜨고는 실실거리며 대답했지.

"너희, 비밀 지킬 수 있니?"

"뭐, 지키겠다고 해 두죠." 나는 내키지 않았지만 억지로 대답했어.

"그럼 말해 줄게. 사실은 나도 물리학자야."

"으악, 우리 주변에 온통 물리학자들뿐이야!" 루카가 소리쳤어.

"그렇군요. 물리학자 아저씨. 그럼, 질문에 대답해 보세요. 왜 빛은 특별한 거죠? 공이나 기차의 속도는 그것을 관찰하는 사람의 움직임에 따라 변하잖아요. 그런데 왜 빛은 항상 일정한 속도로 달리는 거예요? 무엇보다 가장 궁금한 건요. 아저씨는 왜 그렇게 삶은 행주처럼 하얀 거예요?" 내가 덧붙여 물었어. 아저씨 얼굴이 금세 발갛게 변했어.

"글쎄, 얘들아. 이번 여름에는 휴가도 없이 일만 해야 했거든. 원한다면 그건 나중에 말해 줄게. 빛에 대한 질문은 아주 좋아! 잠시만……. 이렇게 설명하면 어떨까. 빛의 속도는 전자기파라고 하는 전기와 자기 현상에 대해 알려 주는 방정식들에 나와 있단다. 내 말이 이해가 가니?"

"그럭저럭요." 내가 대답했어. 사실은 전혀 모르겠어!

"설명하기가 쉽지 않구나. 빛의 속도는 모두에게 동일한 것들 가운데 하나란다. 꼭 그래야만 하지. 누구나 자유를 누리고 먹고 마실 권리가 있어야 하는 것처럼 말이야. 다르게 말하면, 빛의 속도는 우주가 생기는 데 꼭 필요한 요소 가운데 하나야. 모두에게 동일해야 하고, 진공 상태에서는 초속 30만 킬로미터의 속도를 내야만 하지."

"방금 아저씨가 말한 조건들을 충족하지 못하면, 우주가 존재하지 못한다는 거예요?" 루카가 물었어.

"어떤 과학자들은 그렇더라도 우주는 존재할 거라고 생각해. 그렇지만 우리 인간들은 존재할 수 없을 거야." 아저씨가 대답했어.

"빛만 그렇게 특별한 거예요? 아니면 우리가 존재하려면 반드시 필요한 게 또 있나요?" 내가 따져 물었어.

"얘들아, 수영하러 안 갈래? 바닷가에서 물리학 시험을 보게 될 줄은 몰랐어. 너희 이모가 미리 알려 주지 않았거든." 아저씨가 웃으며 말했어. "물론 반드시 필요한 것들이 또 있어. 우리가 이렇게 바닷가에서 즐겁게 말하고 놀 수 있는 건, 바로 진공 상태에서 빛이 언제나 초속 30만 킬로미터로 움직이기 때문이야. 빛의 속도만 그런 게 아니야. 만약 값이 달라지면 온 우주를 바꿔 버릴 다른 물리학적인 요소들도 있지. 예를 들어 중력 이론에 등장하는 만유인력의 상수나 양자 물리학의 상징인 플랑크 상수, 또는 전자의 전하량처럼 말이지.

어떤 사람들은 이런 값들이 저마다 다른 우주가 셀 수 없이 많이 존재한다고 믿고 있어. 값이 다르면 우주도 달라. 다른 우주에는 생명체가 없을 수도 있어. 있다고 해도 그게 우리는 아니야. 우리한테 딱 맞는 우주는 우리가 사는 이 우주 하나뿐이야. 주사위를 던졌는데 마침 필요한 숫자가 나온 것과 마찬가지지."

"또 주사위 얘기네요. 오늘 아침부터 무슨 이야기를 하든 주사위가 나오거든요." 내가 투덜거렸어.

"그래, 안나!" 이모가 갑자기 나타나서 끼어들었어. "네 말이 맞아. 현대 과학은 온통 의심과 확률로 가득 차 있단다!"

나는 아무 말 없이 슬쩍 웃음만 지었어. 그걸로 답이 충분할 거라고 생각했거든. 엘레나 아줌마가 따라 웃었어. 아줌마도 나처럼 웃을 때 보조개가 쏙 들어가. 정말 마음에 들어!

오늘 저녁은 정말 근사했어. 이모와 이모 친구들은 함께 있기만 해도 행복한가 봐. 루카랑 나는 별이 가득한 밤하늘을 바라보았지. 모든 게 이렇게 아름다운데, 상수들 값이 달라져서 우리가 지금 여기 없다면 너무 안타까울 거야! 가장 먼저 지친 루카가 잠옷 차림으로 내 방에 들어왔어. 옷도 갈아입어야 하는데, 정말 짜증나!

"누나."

내가 모르는 척했어.

"누나……."

알았어, 알았다고! 내가 모르는 척하면 아침까지 밤새 저렇게 불러 댈 게 뻔해.

"왜?"

"아까 분재 고르는 문제 말이야. 도대체 어떻게 푼 거야?"

"넌 몰라도 돼!" 내가 웃음을 꾹 참으며 말했어.

"진짜 확률을 생각하면서 푼 거야?"

"당연하지!"

"에이, 거짓말하지 말고." 루카가 집요하게 물어봤어.

"얼른 말해 줘. 아니면 엄마한테 누나가 거짓말쟁이라고 이를 거야."

"알았어. 학교에서 남자아이 세 명이 나를 좋아했어. 한 명씩 나한테 고백을 했지. 물론 나는 이미 그 애들이 날 좋아하고 있다는 걸 알고 있었어. 난 세 명 가운데 누구랑 사귈지 계산해야 했어. 그래서 한 명 한 명

고백할 때마다 선택해야 했지. 아까 분재 문제처럼 말이야. 한 번 거절을 하면 그걸로 끝이었어! 그런 식으로 생각해서 문제를 푼 거지."

"뭐라고? 엄마랑 아빠가 알아?"

"아빠한테만 말했어."

"그래서 누나는 누구를 선택했는데?"

"모두 거절했어."

"누나는 정말 겁쟁이야!" 루카가 비웃으며 말했어.

루카 말이 맞긴 해.

파도를 파헤치자!

나는 9월의 바다 풍경을 진짜 좋아해! 높게 출렁대는 파도 본 적 있어? 파도가 아주 낮게 밀려오다가 갑자기 높아져서 모래사장에 거세게 부딪치면 정말 황홀해! 루카랑 나랑 이모는 아침을 먹자마자 곧장 바닷가로 왔어. 바닷가는 사막처럼 고요했지. 태양이 높아질수록 공기는 점점 뜨거워졌어.

"이모, 어제 저녁에 에밀리오 아저씨가 그러는데, 빛의 속도가 진공에서 초속 30만 킬로미터가 아니라면 우리가 존재할 수 없대. 정말 충격이야! 빛의 속도랑 내가 무슨 상관이라고? 게다가 모두에게 빛의 속도가 같아야 하는 것도 진짜 이상하잖아." 내가 단숨에 말했어.

"안나, 뭐가 알고 싶은 거니?" 이모가 물었어.

"아주 간단해! 빛은 뭐야?"

루카가 조개껍데기를 가지고 놀다가 살며시 다가왔어.

이모가 한숨을 내쉬며 말했어. "두려운 순간이 왔구나. 최대한 짧게 설명해 볼게. 바다의 표면을 한번 보겠니?" 이모가 집게손가락으로 바다를 가리키며 말했어. "저길 보렴. 바다 위에 부표들이 떠 있지? 저곳에 파도가 오면 물이 높이 올라가지. 파도가 지나가면 물이 다시 낮아져. 그런데 부표들을 잘 봐. 보여? 부표들은 앞뒤로 밀려가지 않아. 올라갔다가 내려가기만 하지."

"아니, 이모가 틀렸어!" 루카가 이모 말을 가로막았어.

"내가 바다에서 파도를 만나면 바닷가까지 밀려오잖아! 그러니까 파도는 밀기도 하고 들기도 하는 거지!"

"이모, 나는 빛에 대해 물어봤거든!" 내가 끼어들었어.

이모가 내 말은 무시하고 말을 이었어. "루카, 네 말도 맞아. 그런데 파도가 바닷가까지 오면 상황이 너무 복잡해. 지금은 저 멀리 바다에 떠 있는 부표만 보는 거야. 마침 파도가 오네. 봤니? 파도가 부표는 들어 올렸지만 옆으로 밀지는 않았어. 파도가 지나가니까 부표는 다시 내려왔지." 이모가 열심히 설명했어.

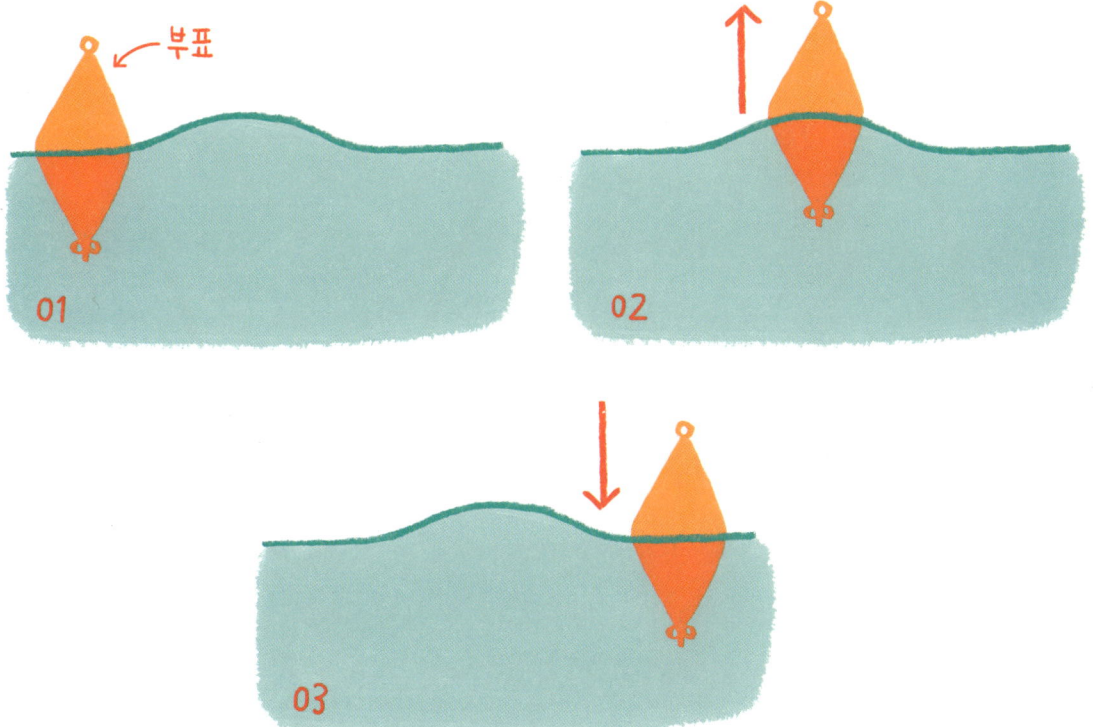

그런데 루카는 아직도 못 믿겠다는 눈치야. 이런! '만능 천재 안나 님'이 나설 때가 왔군. 잘 봐! "이모 말이 맞아. 정말 그래!" 내가 소리치고는 루카를 무시하는 눈으로 바라보았어. 루카도 맞서서 나를 노려봤지만 모르는 척 말을 이었지. "바보야, 저기 부표를 잘 봐. 그리고 파도가 바닷가 쪽으로 오는 걸 따라가 봐. 봤지? 파도가 저 지점을 지나야만 돌돌 만 것 같은 모양으로 변해. 바닷가에서 멀리 떨어져 있을 때에는 마치 수면이 부풀어 오른 것 같고. 그러니까 이게 뭐냐 하면……." 내가 우물쭈물하다가 이모를 획 쳐다봤어. "그런데 이모, 왜 자꾸 파도 이야기만 하는 거야? 나는 빛에 대해 알고 싶다고!"

그러거나 말거나 이모는 계속 파도 이야기만 늘어놨어. "파도는 잔잔한 수면의 한 지점에서 어느 순간 생긴 변화가 둘레로 퍼져 나가는 거야. 하지만 물이 이동하는 건 아니야. 그러니까 바닷가로 밀려오는 물은 부표를 들어 올리는 물과 다른 물인 셈이지. 이렇게 파도가 움직이는 현상을 파동이라고 해."

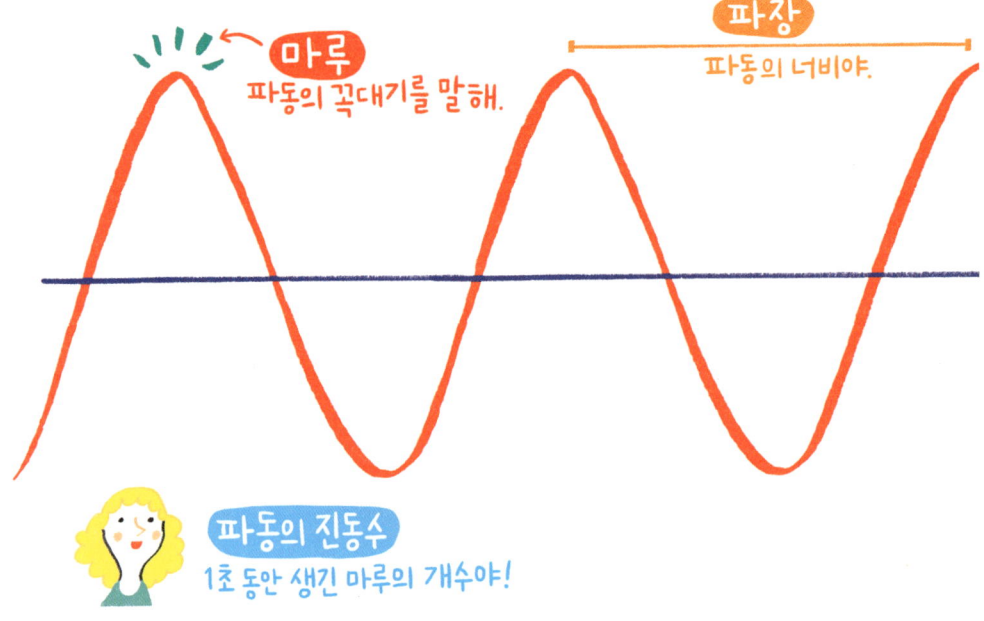

"이모, 하나도 못 알아듣겠어!" 루카가 웃으면서 말하자 이모도 따라 웃었어.

"밀라노에서 누군가 내뱉은 소문이 사람들의 입에서 입으로 피옴비노까지 전해진다고 생각해 봐. 소문은 누군가가 이동한 게 아니라 말만 옮겨 간 거야. 그러니까 사람이 직접 이동한 게 아니라 사람들의 말이 돌아다닌 거지. 아까 말했던 바다 표면에서 일어난 변화처럼 말이야."

"마치 사람 전화 놀이 같은 거네. 한 줄로 늘어서서 맨 앞 사람이 말한 것을 맨 끝 사람한테 빨리 전달하는 놀이 말이야." 루카가 말했어.

"비슷해. 바다에서도 마찬가지야. 물방울들이 1센티미터도 움직이지 않고 위로 올라갔다가 다시 제자리로 내려온다고 해 봐. 그게 바로 파도란다. 이제 바다를 보면서 계속 이어지는 파도를 찾아봐. 두 파도 사이의 거리를 파장이라고 해. 파장은 마치 파도의 지문과 같아. 저 부표가 보이지? 부표가 위로 올라갔다가 다시 제자리로 내려오고 있잖아. 1초에 부표가 몇 번이나 올라갔을까? 이 횟수가 바로 진동수야. 어때, 기억하기 쉽지? 이것도 기억해 둬. 진동수와 파도의 속도를 알아내면, 파장도 계산해 낼 수 있어." 이모가 설명을 마쳤어. "자, 이제 물놀이 좀 하고 밥 먹으러 가자!"

음, 이모가 저렇게 흥분해서 말하면 이해가 더 잘 간다니까!

내 모래성 돌려줘!

이제 솔직하게 말해야겠지. 우리 이모는 진짜 훌륭한 천체 물리학자야. 정말 많은 걸 알고 있고 열정도 정말 대단하지. 그런데도 이모는 아직까지 빛이 무엇인지 말해 주지 않았어. 빛은 잠시 내버려 두고 모래성이나 만들래! 내가 모래성 하나는 진짜 잘 만들거든.

　우리는 다시 바다로 돌아왔어. 나는 루카와 이모한테 엄격하게 명령하면서 현장을 지휘했지. 순식간에 스테르파이아 해변에는 특별한 건축물이 세워졌어. 귀하고 엄청난 가치를 지닌 '안나의 성'이야. 성 가운데에는 세 개의 '모래 방울' 기둥을 세워 장식했어. 모래 방울은 내가 지은 이름이야. 물을 잔뜩 머금은 모래를 손가락으로 조금씩 떨어뜨려서 만들었지. 내 작품이 아주아주 자랑스러웠어. 갑자기 파도가 들이닥친 바람에 단 3분 만에 사라져 버렸지만 말이야! 쓰나미처럼 심각한 건 아니었지만 파도가 평소보다 두 배는 더 거셌어. 파도는 내 성을 덮치고 바닷가를 휩쓸었어. 나의 위대한 모래성은 녹아 버린 아이스크림 케이크처

럼 뭉개져 버렸지.

"안 돼!" 내가 소리쳤어. "이 몹쓸 파도는 도대체 어디에서 온 거야?"

"파도가 어디서부터 왔는지 나도 잘 몰라. 그렇지만 파동의 가장 흥미로운 특징이 생각났어." 이모가 물을 뚝뚝 떨어뜨리며 말했어. 이모의 티셔츠, 수영복, 안경 들이 모두 홀딱 젖고 말았어.

"모래성을 없애는 거?" 나랑 루카가 한목소리로 말했어.

"그것도 맞기는 한데, 내가 말하려는 건 그게 아니야. 두 개의 파동, 그러니까 수면에서 생긴 두 변화가 서로 다른 방향에서 와서 동시에 한 곳에 도달할 수 있다는 거야. 예를 들어, 오른쪽에서 왼쪽으로 이동하는 파도가 수면에 정지해 있던 물방울을 밀어 올리는 순간에 왼쪽에서 오른쪽으로 이동하는 파도가 바로 그 물방울을 밀어 올릴 수도 있지.

"그건 너무 당연하잖아. 뭐가 특별하다는 거야?"

"아무것도 아닌 것 같지만 나는 늘 작은 물방울의 움직임이 참 이상하게 보였거든. 두 번째 파동이 첫 번째 파동과 같은 강도로 물방울을 꼭대기로 밀어 올린다고 가정해 볼까? 이 경우에 물방울은 한 개의 파동이 지나갈 때와 비교해서 두 배의 높이까지 올라갈 거야. 그런데 두 번째 파동이 아래로 민다면 물방울은 어떻게 될까?"

"물방울이 울기라도 해?" 루카가 물었어.

"아니. 그대로 멈춰 있어! 크기는 같고 방향이 반대인 두 힘을 동시에 받기 때문이야. 하나는 위로 미는 힘이고 하나는 아래로 미는 힘이야. 간단히 말하면, 두 개의 파동이 더해지는 건데, 같은 수에 양수(+)와 음수(−)를 더할 때처럼, 위로 미느냐 아래로 미느냐 하는 방향에 따라 결과가 달라지는 거지. 이상하지 않니?"

"잘 모르겠어, 이모. 그냥 그렇게 움직인다는 거잖아! 그 뒤에는 어떤 일이 일어나?" 내가 물었어.

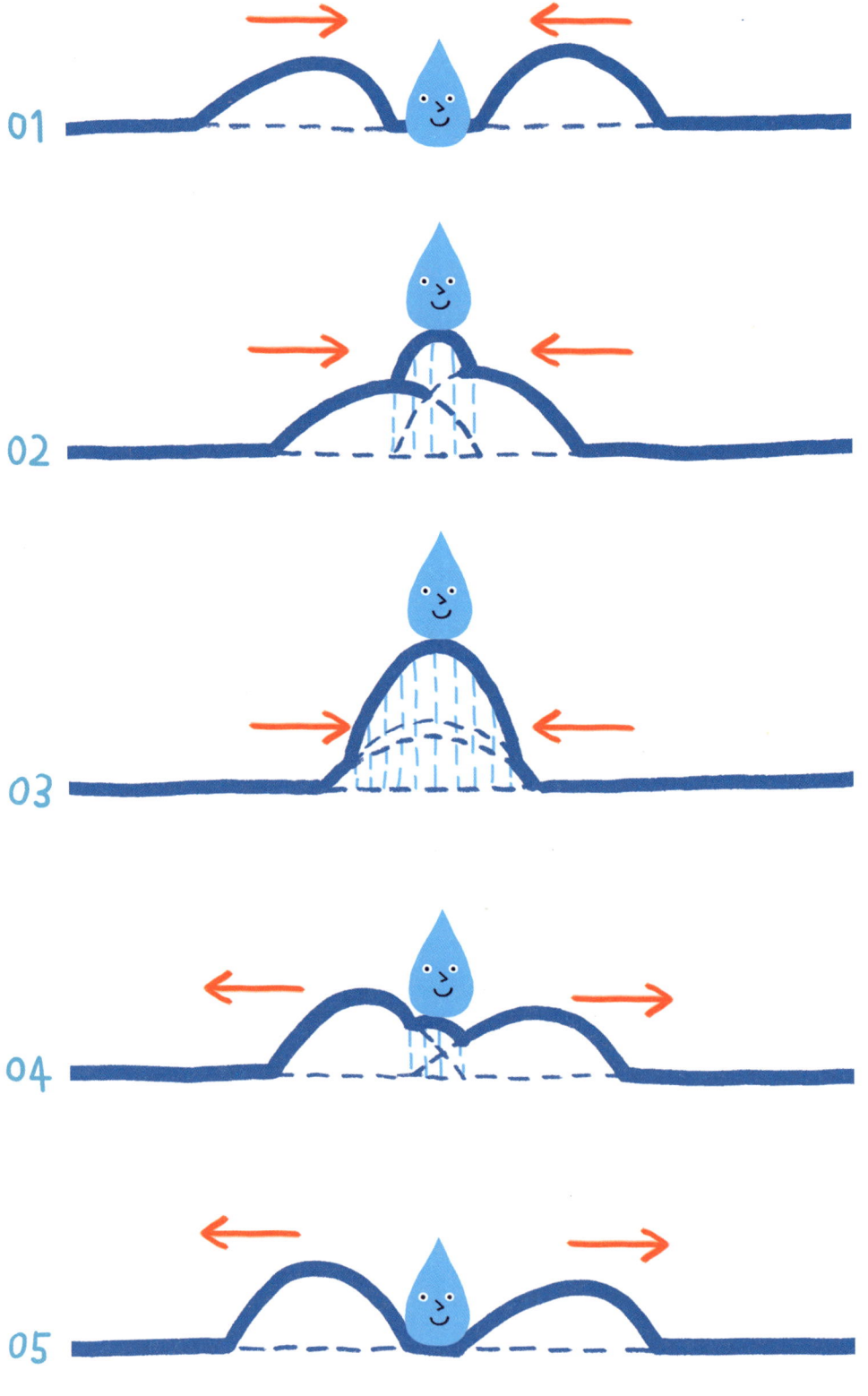

"한번 그렇게 더해진 뒤에 각각의 파동은 아무 일도 일어나지 않았다는 듯이 각자의 속도로 가던 길을 마저 가. 작은 물방울을 뒤로 남긴 채 말이지. 물방울은 첫 번째 파동과 두 번째 파동 모두한테 버림받는 셈이야." 이모는 모랫바닥에다 파동을 몇 개 그리고는 어깨를 으쓱하면서 말했어. "안나 말이 맞아. 참 간단한 일인데도 이모는 항상 그게 놀라웠어. 모든 파동은 성질이 다 똑같아. 예를 들어서 진동하는 현악기에도 적용되지. 악기의 진동도 파동이라는 걸 알고 있었니? 결국 음악도 파동과 관계가 있는 거지." 이야기가 끝나 간다 했더니 이모가 다시 덧붙였어. "빛도 마찬가지란다."

"빛도 마찬가지라고, 이모?" 어머나! 내가 너무 크게 소리 질렀나 봐.

이모가 놀란 눈으로 나를 쳐다보며 말했어. "어떤 측면에서는 빛도 파동의 한 종류거든. 빛은 전자기파라고 하는 파동이야."

이모는 더 이야기할 생각이 없나 봐. 빛이 전자기파라고? 전자기파는 또 왜 나와? 잘 모르겠어. 왜 또 갑작스럽게 빛 이야기를 꺼내느냐고! 아무 설명도 없이 말이야!

빛이 파동이라고?

이모와 이모 친구들은 날씨가 더운데도 기어코 생선을 불에 구워 먹고는 올리브 밭 침대 의자에 누워서 쉬려는 참이었지. "자꾸 물고 늘어지려는 건 아닌데요." 모두들 잠에 빠져들려는 순간, 내가 말했어. "빛이 전자기파라는 이야기 말이에요. 저는 이해가 잘 안 가요. 그리고······."

내가 이모 쪽으로 몸을 돌리면서 덧붙였어. "제 물음에 대한 답이 아닌 것 같아요!"

에밀리오 아저씨가 크게 웃었어. "이모와 전자기파 이야기도 했니? 안나, 너 도대체 몇 살이야?"

"열두 살인데요." 내가 짜증 섞인 목소리로 대답했어. 내가 몇 살인 게 아저씨랑 무슨 상관이람! 빛이 도대체 뭔지 나한테도 알 권리가 있다고! 안 그래?

"루카는 몇 살이니?" 에밀리오 아저씨가 이번에는 루카에게 물었어.

"열 살하고 몇 개월 더 됐어요. 누나랑 21개월 차이 나요." 루카가 고분고분하게 대답했어. "그렇지만 저도 알고 싶어요."

"아까 바닷가에서……." 이모가 다시 이야기하기 시작했어. "파도에 대해서 이야기했던 거 기억나니? 우리는 두 개의 파도, 그러니까 두 파동이 서로 겹치는 걸 봤어. 그렇게 될 때 각 지점끼리 더해져 어떤 지점은 파동이 더 커지고 어떤 지점에서는 사라졌어. 이런 걸 **간섭 현상**이라고 하지. 우리가 봤던 파도는 물의 파동이었어. 빛은 전기와 자기와 관련이 있지."

"맞아, 이모!" 루카가 끼어들었어. "불을 켜려면 전기 스위치를 누르잖아!"

"루카! 그건 아무 상관도 없어!" 에밀리오 아저씨가 웃으며 말했어. 난 에밀리오 아저씨가 점점 맘에 들어.

"자석을 가지고 놀아 본 적 있지?" 이모가 말을 이었어. "자석은 **자성**이라는 성질이 있기 때문에 철과 같은 금속을 끌어당겨. 물리학자들은 자석이 **자기장**을 형성해서 공간을 **교란**한다고 말하지. 쉽게 말해서 공간에 변화를 일으킨다는 뜻이야."

"어떻게 교란하는데?" 루카와 내가 얼떨떨한 얼굴로 물었어.

"바늘 한 개를 빈 공간에 놓으면 바늘은 그곳에 가만히 있지. 하지만 자석을 가까이 대면 바늘은 자석 쪽으로 움직이려고 해. 자석은 그런 식으로 공간에 어떤 영향을 미쳐서 공간의 성질을 바꿔 버리는 거야." 이모가 간절한 눈빛으로 우리를 바라봤어. 우리가 이해하길 바라는 눈치야. "자기장이 공간의 한 지점에서 일으킨 교란은 한 방향으로 커졌다가 0이 될 때까지 줄고, 다시 반대 방향으로 커졌다가 0으로 줄어. 그렇게 반복적으로 움직이지. 바다의 파도와 비슷해."

"그게 빛과 무슨 상관인데?" 내가 물었어.

"차근차근 설명해 줄게. 전기장도 자기장과 비슷해. 플라스틱 머리빗으로 머리카락을 빗어 본 적 있지? 그럴 때 머리카락이 위로 뻗치는 걸 경험해 봤을 거야. 바로 전기장이 만들어져서 그런 현상이 일어나는 거란다. 머리빗이 머리카락에 전기를 통하게 하면 머리카락 사이 공간에 교란이 생겨서 다른 머리카락들이 밀려나는 거야. 결국 안나 네가 단정한 여자아이에서 삐쭉삐쭉한 고슴도치로 변신하는 거지."

더는 못 참아! 아마 내가 루카처럼 열 살짜리 꼬맹이가 아니라서 그런가 봐. 그래도 내 심정 알겠지? 빛 이야기는 또 쏙 빼고 고슴도치 이야기를 하잖아! 이모한테 투덜댔더니 루카만 빼고 다들 웃음을 터뜨렸어. 어른들이란, 참! 진짜 화나!

"안나, 잠깐만 기다려 봐. 1800년대에 제임스 맥스웰이라는 영국인 물리학자가 빛이 전기와 자기 파동, 그러니까 전자기파라는 걸 밝혀냈어. 다시 말해서, 빛이 1초에 몇 십억 번씩 공간의 전기와 자기 특성을 바꾸는 교란이라는 거지. 바다의 파도처럼 두 전자기파가 만나면 간섭이 일어난단다. 지점에 따라서 두 파동이 커지거나 줄어들거나 하는 거지. 그리고 마치 아무 일도 일어나지 않았던 것처럼 각자 가던 길을 가. 그러니까 빛이 무엇이냐는 질문에 답한다면, 빛은 전자기파란다." 에밀

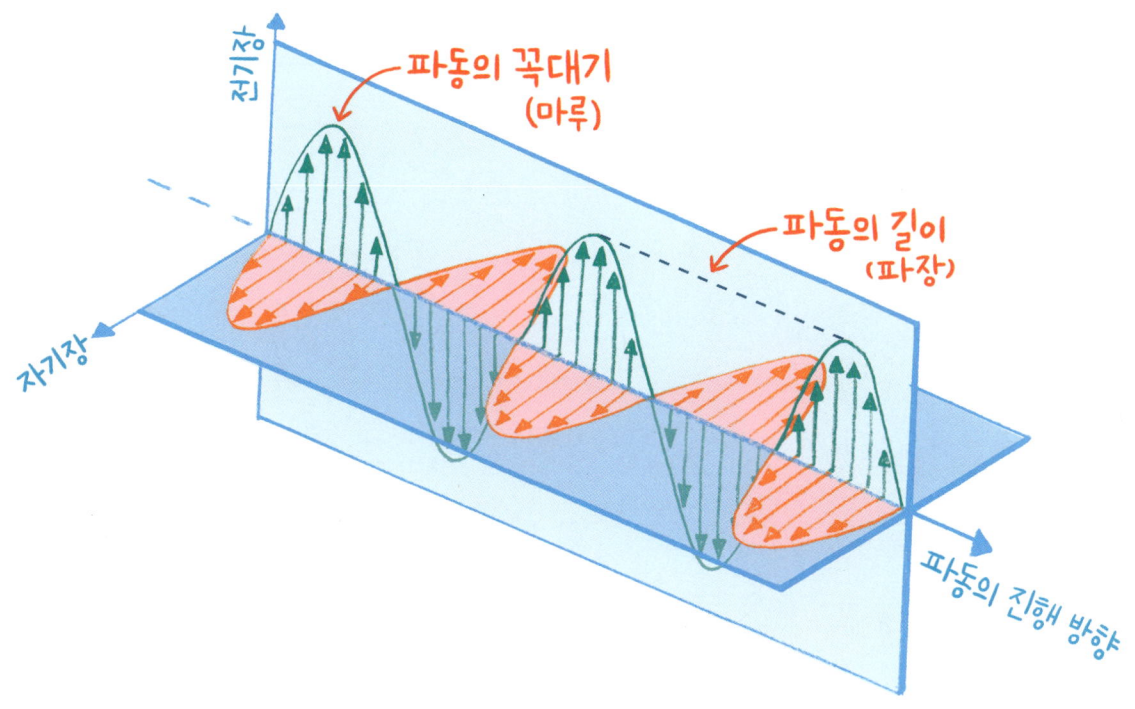

리오 아저씨가 이어 말했어. "그리고 맥스웰은 전자기파의 특성과 이동을 설명하는 몇 개의 방정식을 이끌어 냈어. 맥스웰이 밝혀낸 법칙에 따르면 빛의 속도는 일정하고 관찰자의 움직임에 따라서 변하지 않아. 놀랍지 않니?"

"그런데 이게 다가 아니란다." 이번에는 엘레나 아줌마가 덧붙였어.

이 말을 듣자마자 이제 자러 가야 할 때가 됐다는 생각이 들었어. 이번 라운드는 여기까지야. 지금은 빛이 전자기파라는 것만 알면 돼.

난 갑자기 조용해진 루카와 함께 방으로 올라왔어. 하지만 단번에 서로의 생각을 알아챘지. 우린 몰래 다시 1층으로 내려와서 뒷마당을 지나 자전거를 타고 소나무 숲을 향해 달렸어. 어른들은 아무도 눈치채지 못했어! 그래, 빛의 속도로 달리는 거야!

빛이 알갱이라고?

 오늘은 아침부터 날씨가 오락가락했어. 그래도 며칠 뒤면 밀라노로 돌아가야 하니까 적어도 세 시간은 물놀이를 해 줘야지. 루카가 한참 만에 물에서 나왔어. 2분만 더 물속에 있었더라면 아마 아가미가 생겼을 거야! 루카가 물속에 있는 동안 나는 모래사장에 수건을 깔고 누워 도마뱀처럼 일광욕을 했어. 내 몸에 태양 전지가 있어서 태양 에너지를 흡수할 수 있다면 오늘처럼 흐린 날씨에도 펄펄 기운이 넘쳤을 거야! 하지만 그 반대였어.

 아마 일정하게 들려오는 파도 소리와 이모와 친구들의 수다 소리 때문이었을 거야. 난 몸에서 점점 힘이 빠지는 걸 느끼면서 깊은 잠에 빠져들었어. 마치 어릴 때, 한겨울에 엄마가 이불 속으로 들어와 나를 꼭 끌어안았을 때처럼 포근했지.

 그런데 갑자기 잠에서 확 깨 버렸어! 엄청난 비가 내 위로 쏟아져 내렸거든. "으악, 뭐야?" 내가 벌떡 일어나며 소리쳤어. 에밀리오 아저씨와 엘레나 아줌마, 루카와 이모, 네 사람이 모두 나를 둘러싸고 서 있었어.

그것도 빨간색 돼지 모양 물뿌리개를 들고 내 몸에 물을 마구 뿌려 대면서 말이야! "무슨 짓이에요! 우리 반 남자애들도 이런 장난은 안 해요! 아이참!"

"파도야, 파도!" 네 사람이 정신 나간 사람들처럼 웃으며 소리쳤어.

나는 네 사람을 똑바로 노려봤어. 화를 낼지 웃을지 망설이는데 돼지 물뿌리개를 보고는 그만 웃음이 터졌어. "정말 대단한 바보들 납시었사옵니다. 이럴 땐 이렇게 말해도 괜찮지, 이모?" 난 대답도 기다리지 않고 곧바로 달려가 바다에 뛰어들었어.

감각이라는 건 참 이상해! 전에는 한 번도 이런 적이 없었는데, 오늘따라 내 몸이 바닷물에 참 예민하게 반응했어. 지금은 바닷물이 내 몸을 아주 포근하게 감싸 주는 것 같아. 같은 바닷물인데도 아까 물뿌리개 비를 맞을 때는 총알이나 돌멩이 같았는데 말이야.

"물놀이 재미있었니? 이리 와서 우리 옆에 누워." 이모가 물었어.

잠시 뒤 엘레나 아줌마가 속삭였어. "애들한테 정말 빛이 전자기파라고 생각하게 놔둘 거야?"

에밀리오 아저씨가 곧바로 퉁명스럽게

대답했어. "틀린 말은 아니잖아. 그리고 '그 얘기'까지 꺼내서 일을 더 복잡하게 만들지 않는 게 좋을 것 같아."

여기서부턴 아저씨 목소리가 너무 작아져서 잘 듣지 못했어. 대충 공자, 강자, 관자 같은 말이었는데……. 뭔지는 모르겠지만 '자'로 끝나는 건 확실했어. 이해가 가니? 조금 전까지 큰 소리로 떠들더니 지금은 개미들처럼 서로 속닥거리다니. 저렇게 수군대면 주의를 안 끌 거라고 생각하나? 내 시선이 그쪽으로 쏠리는 건 너무나도 당연하잖아. 무슨 이야기를 하는지 알고 싶은 것도 당연하고. 난 세상 어떤 것보다 아저씨 아줌마가 지금 무슨 말을 하는지 가장 궁금해!

"이모." 난 사랑스러운 미소를 지으며 이모를 휙 쳐다봤어. "내 생각에는 빛을 설명하려면 공자 이야기도 꺼내야 될 거 같아, 안 그래?"

"안나, 방금 뭐라고 했니?" 이모가 웃으면서 되물었어.

"이모랑 친구들이 말했잖아. '자'로 끝나던데? 그래, 실은 잘 몰라!"

"광양자 말이니? 굉장히 흥미로운 주제지." 이모가 대답했어.

"양자 물리학과 관련 있는 이야기란다." 에밀리오 아저씨가 덧붙였어.

"내가 가장 좋아하는 점프 물리학이지!" 엘레나 아줌마가 소리쳤어.

"그렇지만 그 이야기는 점심 식사 뒤로 미뤄야겠어요. 우선 성게 파스타부터 맛있게 먹고 싶거든요!" 똑똑한 루카가 제안했어.

빛 양동이들

엄마 아빠, 이곳에 있었으면 방금 우리가 먹은 파스타에 홀딱 반했을 걸! 엄마 아빠는 멀리 있으니까 대신 나랑 루카가 다 먹어 치웠어. 부럽지? 우리가 없는 밀라노에서 즐겁게 지내.

"1800년대 말 물리학자들은 모든 현상들을 다 이해했다고 믿었어." 마음속으로 엄마 아빠를 놀리고 있는데 이모가 끼어들었어. "그때까지 수학과 물리학이 너무나도 엄청난 성과를 냈기 때문에 물리학자들은 어떤 문제든 설명해 낼 수 있다고 믿었지. 당시 밝혀내지 못했던 현상들도 시간만 있으면 완전히 해결할 거라고 여겼어."

"애들한테 설마 흑체 문제를 이야기하려는 건 아니지?" 에밀리오 아저씨가 웃으며 물었어.

"응. 비열 이야기도 안 할 거야. 그건 너무 어려운 주제들이니까. 하지만 광전 효과는 비교적 쉽게 설명할 수 있어." 이모가 대답했어.

난 이모를 믿어. 여기 소나무 숲에 데려온 것도 이모이고, 오후 물놀이 전까지 여기에서 놀자고 말한 사람도 바로 이모거든! 아주 상쾌한 바람이 살랑거렸어. 루카는 바닷바람을 쐬어 주고 싶다며 자기 분재를 가지고 나왔어. 분재가 창백해 보였다나. 그게 말이 되니!

"특정한 상황에서 금속에 빛을 쪼이면, 전자라고 불리는 입자들을 나오게 할 수 있어." 결국 이모가 내 믿음을 저버리고 말했어.

"원자들의 핵 둘레를 미친 듯이 도는 그것들 말이지?" 내가 물었어.

"응, 맞아. 1800년대 후반에 이런 현상은 이미 알려져 있었어. 다만, 어떤 때는 전자들이 금속에서 나오기도 하고 또 어떤 때는 안 나오기도 했어. 전자는 빛의 진동수가 충분히 높을 때만 튀어나왔어."

"도대체 광양자는 언제 나오는 거야?" 여느 때처럼 내가 참지 못하고 끼어들었어.

"해결책은 아주 간단할 거 같은데." 루카가 자신 있게 말했어. "빛으로 금속에다 많은 양의 에너지를 보내는 거야. 전자가 밖으로 튀어나올 때까지. 별로 어려운 문제도 아니잖아. 우물에 떨어진 공을 건져 올리는 거랑 비슷해. 우물에 물을 채우면 공이 점점 위로 올라오잖아."

"그럼 우물에 물은 어떻게 채울래? 양동이로?" 이모가 물었어.

"아무거나 손에 잡히는 걸로 채우면 되지." 루카가 대답했어. "삽이나 컵, 조개껍데기, 빨간 돼지 물뿌리개 같은 걸로. 마침내 물이 우물 입구까지 차오르면 그때 공을 잡는 거야. 아닌가?"

"모두들 너처럼 생각했지. 금속에서 전자가 나올 때까지 충분한 에너지를 주면 될 거라고. 하지만 안타깝게도 이 방법은 먹히지 않았어. 그렇게 하면 금속은 점점 뜨거워지고 심지어 녹기도 하지만 아무것도 나오지 않지. 그 대신에……."

"그 대신에?"

"다른 방법을 써야만 해. 여러 실험을 해 보고 나서 알게 된 건데, 원자가 우물과 같다면 우물을 단번에 채워야만 전자가 튀어나오게 할 수 있어. 작은 양동이로 여러 번 물을 부어 우물을 채우는 게 아니라 거대한 양동이 하나로 한 번에 채워야만 하는 거지!"

"루카 같은 거대한 밥통은 어때?" 내가 놀려 대도 루카는 꿈쩍도 안 했어. "우물을 채우는 건 그렇다 치고, 빛은 어떻게 공급해?" 내가 다시 이모에게 물었어.

"아인슈타인도 너랑 같은 질문을 던졌어. 그리고 1905년에 마침내 그 문제를 풀었지. 그 덕분에 1921년에 노벨 물리학상도 받았고." 이모가 말했어.

"그러니까…… 상대성 이론을 발표한 천재 과학자 아인슈타인?"

"맞아. 바로 그 아인슈타인이야. 사실 상대성 이론은 우리가 말했던 빛의 특징과 관계가 있단다. 빛의 속도는 빛을 관찰하거나 빛을 발사하는 사람의 움직임에 따라 달라지지 않는다는 특징 말이야!"

"아인슈타인 아저씨랑 단 둘이 이야기를 좀 해 봐야겠어." 루카가 짜증 섞인 목소리로 말했어.

막스 플랑크
1858 – 1947

알베르트 아인슈타인
1879 – 1955

"아인슈타인은 막스 플랑크가 몇 해 전에 제시했던 아이디어를 응용했어. 그는 이렇게 생각했지. '만약 빛이 에너지를 소포 꾸러미처럼 운반한다면?' 그러니까 빛이 지속적인 파동의 흐름이 아니라 에너지가 담긴 작은 양동이들로 이루어졌다고 생각해 본 거야. 광양자는 에너지가 담긴 양동이 하나하나를 말해. 광자라고도 하지. 그러니까 빛은 에너지가 담긴 수많은 양동이로 이루어진 거지. 이제 이해하기 좀 쉬워졌니?" 이모가 우리 반응을 보려고 잠시 이야기를 멈췄어.

"그래서? 그게 어떻게 아인슈타인이 씨름하던 문제를 해결했는데?" 내가 물었어.

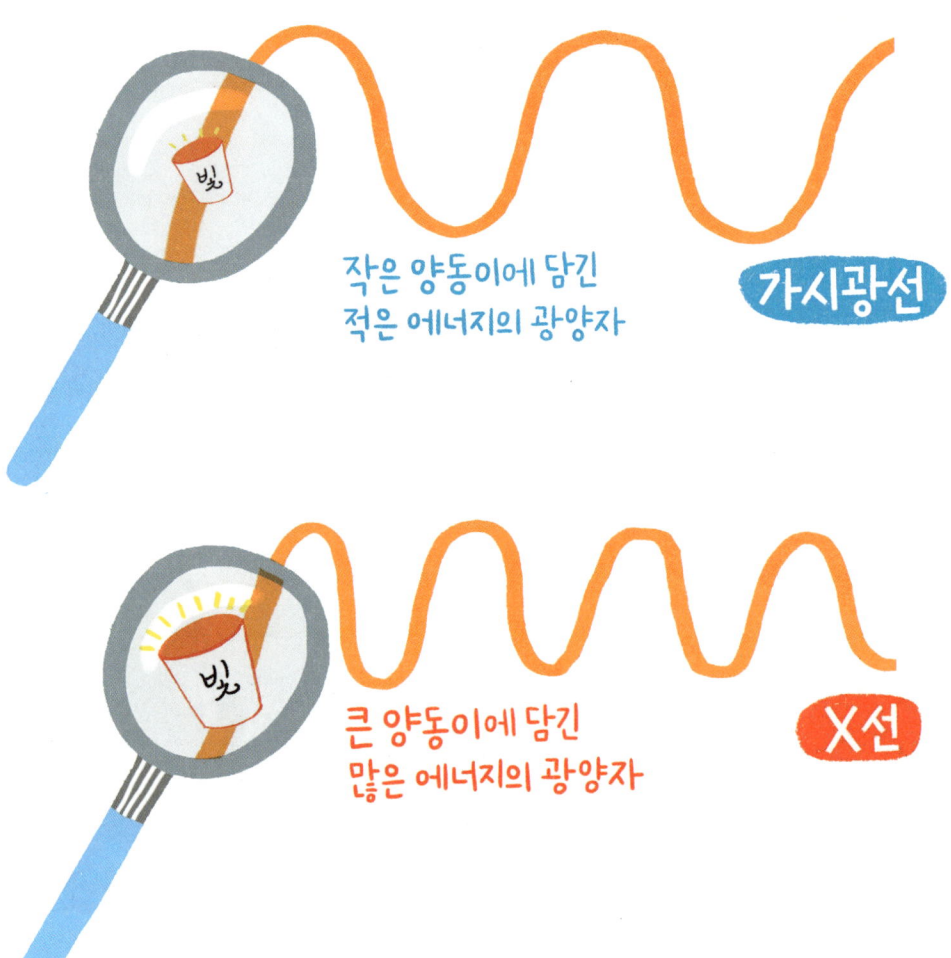

작은 양동이에 담긴 적은 에너지의 광양자 — 가시광선

큰 양동이에 담긴 많은 에너지의 광양자 — X선

"플랑크는 이미 광양자가 에너지가 담긴 양동이라고 생각했어. 빛의 종류에 따라 그 양동이들은 작을 수도 있고 클 수도 있지. 예를 들어 우리가 보는 가시광선의 광양자는 여름에 우리 피부를 태우는 자외선의 광양자보다 적은 에너지를 가지고 있어. 병원에서 방사선 촬영을 할 때 쬐는 엑스(X)선의 광양자보다도 적은 에너지를 가졌지. 반면, 전자레인지에 사용하는 마이크로파의 광양자보다는 더 많은 에너지를 가지고 있어. 요약하면, 전자기파의 진동수가 높을수록 광양자가 가진 에너지도 높아."

"그래서? 어떻게 광양자가 아인슈타인의 문제를 해결했다는 거야?" 나랑 루카가 거의 동시에 물었어.

"기억하니? 금속에서 전자를 나오게 하려면 빛의 진동수가 충분히 높아야 한다고 했었지. 각각의 광양자는 금속 물체에서 전자를 끌어내기 위해 한 번에 충분한 에너지를 공급해야만 해."

"그럼 광양자가 아주 큰 양동이어야 한다는 거네. 아주아주 큰 양동이!" 내가 외쳤어. "그런데 왜 작은 양동이 여러 개는 안 되고 꼭 큰 양동이 하나여야 하는데?"

"작은 양동이로는 한 번 물을 부어서는 우물이 차오르는 걸 느끼지 못하잖아. 많은 양의 에너지일지라도, 찔끔찔끔 준다면 전자를 튀어나오게 할 수가 없지. 높이뛰기 선수처럼 한 번에 알맞은 에너지를 써야 하는 거야. 높이뛰기 선수는 낮은 높이를 아무리 여러 번 뛰어넘어도 세계 기록을 세울 수가 없어. 단 한 번의 점프를 아주 높이 뛰어야만 하지. 그러니까 큰 양동이 하나에 충분한 에너지를 가득 담아서 단번에 써야만 해." 이모가 차분하게 말했어. "이처럼 에너지나 물리학적인 요소들을 꾸러미처럼 생각하는 것이 바로 양자 물리학의 특징이란다. 양자 물리학에서 양자는 에너지나 다른 것의 꾸러미 하나를 말해."

"우리가 사는 세상의 모든 게 알갱이로 되어 있다는 뜻이지." 엘레나 아줌마가 덧붙여 말하고는 다시 물었어. "여기, 바다에 뛰어들 만큼 에너지가 충분한 사람?"

"잠깐, 아직 이해가 안 됐어요. 잠시면 돼요." 내가 가로막았어. "이모가 처음엔 빛이 전자기파라고 했잖아. 그런데 이젠 빛이 에너지가 담긴 양동이라고? 파동의 진동수에 따라 많거나 적은 양의 에너지가 운반되고? 그래, 여기까진 괜찮아. 받아들이기 어렵긴 하지만, 한번 이해하고 나선 괜찮을 것 같아. 이것 때문에 악몽을 꿀 것 같진 않거든!"

"악몽이라면 내가 생각해 둔 게 있지." 에밀리오 아저씨가 웃으며 말했어. "그렇지만 지금은 바다로 뛰어들 때야. 가자!" 아저씨 말에 모두 찬성했어.

　광양자에 대한 나머지 이야기는 저녁으로 미뤄졌지.

광양자의 이상한 선택

　나는 저녁을 먹고 난 뒤 시간이 참 좋아. 해가 저물 때면 주변 모든 것이 더운 하루를 보내느라 지친 것처럼 보이기도 하지. 시골집과 소나무 숲 사이에는 개울이 흘러. 밤이 되자, 우리는 다 같이 손전등을 들고 개울둑을 따라 산책을 나갔어. 왼쪽에는 들판이 오른쪽에는 개울과 소나무 숲이 보였어. 루카가 맨 앞에서 걷고, 그 다음에는 나, 내 뒤로는 물리학자 셋이 뒤따랐지. 물리학자 셋은 아는 사람들 흉을 보면서 정신 나간 것처럼 낄낄댔어. 또 누구 흉을 볼까 생각할 때만 잠시 조용해졌지. 세 사람 다 어른치고는 참 이상해!

"드라큘라 아저씨, 오늘 우리가 악몽을 꾸게 만들어 준댔죠? 어디 한 번 해 봐요." 내가 에밀리오 아저씨한테 짓궂게 말했어.

"물론이죠, 안나 아가씨." 아저씨가 웃으며 대답했어. "에너지가 담긴 양동이, 그러니까 광양자 하나가 에너지를 싣고 초속 30만 킬로미터로 달린다고 해 보자. 그런데 그만 장애물을 만났어. 이 장애물에는 구멍이 두 개가 나 있었어. 광양자가 겨우 통과할 수 있는 좁고 기다란 구멍이었지. 어떤 일이 일어날까?"

"글쎄요. 운이 없다면 장애물에 부딪치는 걸로 끝나겠죠. 운이 좋으면 두 구멍 중 하나로 지나갈 거고요." 루카가 대답했어.

"맞아. 잘했어. 그런데 광양자를 한 번에 하나씩 장애물 쪽으로 반복해서 보내면 이상한 일이 생겨. 많은 광양자가 엉뚱한 곳으로 간다는 걸 볼 수 있지." 에밀리오 아저씨가 시골집 문을 보며 비밀스럽게 말했어. 그러고는 나한테 지시했어. "안나, 집으로 들어가 보렴."

"뭐라고요?" 내가 순간 오싹해서 소리쳤어.

"아저씨가 실험 하나를 생각해 낸 것 같구나." 엘레나 아줌마가 덧붙였어.

이 지긋지긋한 실험 중독자들!

"오른쪽 방으로 들어가. 창문이 두 개 있는 가장 큰 방 말이야! 거기 가서 창문 두 개를 모두 활짝 열어. 알겠지?"

나는 아저씨가 시키는 대로 두 창문을 연 뒤에 소리쳤어. "준비 됐어요."

"이제 루카가 밖에서 너한테 공을 던질 거야."

그렇게 실험이 시작됐어. 루카는 정말 얼간이야. 루카가 던진 공들은 대부분 벽에 부딪쳤어. 아주 가끔 오른쪽 창문이나 왼쪽 창문을 통과해 방으로 들어왔지. 나는 방으로 들어온 공을 다시 루카에게 던져 줬어. 나름 재미있었지만, 금방 싫증이 났어. "이제 끝내도 돼요?"

"응. 이제 됐어. 방에 공이 한 번도 닿지 않은 지점들이 있니?"

"당연히 있죠! 공은 항상 왼쪽이나 오른쪽 창문 뒤쪽에 떨어졌는걸요." 내가 대답했어. "난 이 실험이 얼마나 중대한 과학적 의미가 있는지 모르겠어요! 루카가 공을 진짜 못 던진다는 건 확실히 알았지만요!"

"방에 공이 도달하지 못하는 지점들이 있다는 것만 기억해 두렴. 이제 다시 **광양자 실험**으로 돌아가 보자. 이제 장애물을 향해 한 번에 하나씩 광양자를 보낼 거야. 광양자가 장애물에 흡수되지 않는 이상, 두 개의 구멍 중 하나로 지나가겠지. 루카가 던졌던 공처럼 말이야."

"맞아요. 뭐가 이상하다는 거죠?" 루카와 내가 거의 동시에 물었어.

"이상한 점은, 광양자들은 루카가 던졌던 공들과 다르게 행동한다는 거야. 광양자는 한쪽 구멍으로 지나갈 때, 다른 쪽 구멍이 닫혔는지 열렸는지 알고 있는 것 같거든."

"누가 그걸 알려 주는데요?"

"그게 문제야! 한쪽 구멍을 막으면 광양자는 공과 똑같이 행동해. 어느 쪽 구멍을 막든지 상관이 없어. 그런데 구멍 두 개를 모두 열어 두면, 광양자들은 한쪽 구멍을 통과해서는 절대 닿을 수 없는 곳으로 간단다."

"그럼 광양자 하나가 두 구멍을 동시에 통과한다는 거예요?" 내가 비웃으며 말했어. 미안하지만 이 광양자 이야기가 진지하게 와 닿지가 않아. 그런데 뭐지? 이모가 나를 멍하니 바라봤어. 내 말이 기분 나빴나? 아저씨와 아줌마도 말없이 나를 바라봤어. "저기, 왜들 그래요? 미안해요. 장난이었어요. 날 그렇게 나쁘게 보지 마세요." 내가 당황해서 버벅댔어.

에밀리오 아저씨가 말문을 열었어. "광양자는 두 개의 구멍을 동시에 통과하지 않아. 광양자 하나가 두 개로 나뉘지 않거든. 하지만 한쪽 구멍으로만 지나갔을 때는 절대 갈 수 없는 지점에 도달하기도 하지. 그러니까 광양자는 두 개로 나뉘지 않은 채 다른 쪽 구멍의 상태를 고려하면서 한 구멍을 지나가는 거야!"

"도대체 그게 무슨 뜻이에요? 어떻게 에너지가 담긴 양동이, 그러니까 광양자 하나가 둘로 나뉘지도 않은 채로 두 개의 구멍을 다 고려할 수 있다는 거죠?" 루카가 물었어. "그 양동이가 사람도 아닌데 뭔가를 고려한다는 것 자체가 불가능하잖아요!"

"두 개의 구멍이 모두 열려 있으면, 광양자들은 실제로 간섭 현상을 일으키는 파동처럼 두 구멍을 통과해. 어렵게 생각하지 마. 간섭 현상은 두 파도가 만나는 것처럼 파동 두 개가 겹치면서 생기는 거란다. 이제 빛의

성질이 참 특이하다는 걸 너희도 알겠지? 빛은 어떤 때는 파동처럼 행동하고, 어떤 때는 입자처럼 행동해. 둘 중에 하나라고 확실히 결정할 수 없지."

"그렇다면 도대체 뭔데요?"

"뭔가 다른 거야. 광양자 말고는 빛을 설명할 수 있는 마땅한 용어가 없는 거지. 마치 동전처럼 양면을 가진 거야." 마침내 에밀리오 아저씨가 끝을 맺었어.

"이제 이 끔찍한 이야기를 잘 마무리 지어 볼게." 이모가 말했어. "빛 말고, 예를 들어 금속에서 튀어나오는 전자 같은 다른 입자로 똑같은 실

험을 해도 결과는 같아."

"그게 도대체 무슨 뜻이야?" 내가 조금 거친 말투로 물었어. 아무리 자세히 말해도 하나도 이해할 수 없는 이야기 때문에 짜증이 나기 시작했거든.

"내가 설명하려는 건 입자도 파동과 같은 행동을 할 수 있다는 거야."

"정말? 그럼 콩이 갑자기 파동이 일렁이는 따뜻한 수프로 변신할 수도 있겠네. 수프는 다시 콩으로 변신하고!" 루카가 말했어.

"글쎄, 콩은 파동처럼 행동하진 않지. 하지만 전자는 그렇게 행동해. 이렇게 생각하렴. 전자는 입자도 파동도 아니야. 입자의 특징과 파동의 특징을 모두 가지고 있어. 어떻게 보면, 광양자와 전자는 저쪽 구멍으로 지나갈 수 있다는 걸 알면서도 이쪽 구멍으로 지나가는 것 같아. 그리고 그것을 아는 것이 광양자나 전자의 행동에 영향을 주지. 마치 갈 수 있는 모든 길을 따져 보고 행동하는 것처럼."

"이제 자러 갈까?" 에밀리오 아저씨가 이겼다는 듯이 말했어. 자기가 나와 루카한테 한방 먹였다고 생각하나 봐.

"에이, 안 되죠! 이렇게 쉽게 넘어갈 순 없어요. 맨 처음에 우리가 원자로 만들어졌다고 했잖아요. 그리고 원자 안에 전자가 있다고 했죠. 그런데 이제 전자가 입자의 특징도 가지고 있고, 파동의 특징도 갖고 있다는 거네요. 그럼 이런 특성이 전자에만 해당되는 거예요? 아니면 원자들도 그렇다는 거예요?" 내가 반격했어.

"모든 물체가 그래. 물론 크기가 커질수록 이런 특성이 물체의 움직임에 영향을 덜 미치기는 하지. 원자의 핵과 분자, 코딱지랑 애벌레, 그리고 고양이도 그렇지." 에밀리오 아저씨가 웃으며 말했어. 아저씨는 이런 게 재미있나 봐.

"누나! 누나랑 나도 그래." 루카가 말했어.

우리가 작은 파동이라니! 잠시 침묵이 흘렀어. 에밀리오 아저씨 말대로 이젠 자러 가야겠어. 생각도 좀 정리해 보고.

9월 6일 목요일
절대로 문을 열지 마!

과수원의 유령

　오늘도 아침 일찍 잠에서 깼어. 나는 곧바로 소나무 숲으로 달려가서 나무들 사이로 이리저리 돌아다녔어. 소나무 가지 사이로 파란 하늘을 올려다보고 있으면 기분이 정말 좋아. 솔방울이 달린 소나무 가지를 보는 것도 좋고! 가끔은 가지에서 다람쥐도 볼 수 있지. 살랑살랑 바람이 불자, 나뭇잎들이 하늘하늘 흔들렸어. 그 바람에 모든 것이 분명하지 않게 보였어. 심지어 나뭇잎 사이로 보이던 하늘도 사라졌다 나타났다 했지. 이젠 이런 게 이상하지도 않아. 이번 휴가는 시작부터 지금까지 완전한 불확실성을 향해 달려가고 있거든. 이모를 만나면 늘 이래.

　특별할 게 없을 거 같던 빛은 광양자가 됐어. 광양자는 입자와 파동이래! 그러니까 한편으로는 입자이면서 다른 한편으로는 파동인 거야. 알갱이-파동이라고 해야겠다. 모래 알갱이들은 원자로 나뉘고, 원자는 다시 양성자와 중성자 그리고 전자로 나뉘지. 이 입자들 일부가 물처럼 변해서 알갱이-파동이 된다는 거잖아. 그럼 우리도 알갱이-파동이겠네. 우리 파동을 보려면 현미경이 있어야 하겠지. 그리고 우리는 사실 텅 비었어. 이상한 건 우리가 속이 텅 빈 원자로 되어 있는데도 서로 껴안아도 합쳐지진 않는다는 거야. 이건 아직 이해가 잘 안 가. 맙소사! 이 기분은 뭐지? 무슨 말인지 잘 모르는데도 왠지 행복한 기분이 들어. 으악! 쓰러진 나무 위에 앉았는데, 송진이 잔뜩 묻었지 뭐야. 바지를 버리고 말았어. 엄마가 바지 꼴 보고는 참 좋아하겠어.

"누나, 누나!" 루카가 헐떡거리며 뛰어왔어. 저러다 숨 넘어가겠어.

"빨리 와, 빨리! 집으로 가야 해!"

"무슨 일이야? 루카!" 저 바보가 제대로 날 놀라게 했어.

"그 여자야! 그 여자가 확실해!"

"누구? 그 여자가 누군데? 루카, 흥분하지 말고 천천히 말해 봐."

"빨리 와, 누나. 그 여자가 가면 어떡해." 동생이 다급하게 말했어.

"자, 크게 숨을 들이마셔. 바다를 보고 다시 한 번 크게 숨을 쉬어. 이제 진정하고 무슨 일이 있었는지 차근차근 말해 봐." 어차피 심각한 이야기도 아닐 거야.

"과수원 옆에, 나무 위에 있는 오두막 있잖아. 내가 거기 있는데……."

"나무에서 떨어졌어?"

"아니, 책 읽고 있는데 어떤 남자랑 여자 목소리가 들리는 거야."

"그래서?"

"남자는 분명히 피노 할아버지였는데……."

"그게 뭐가 이상하다는 거야?"

"이상한 건 지금부터야! 피노 할아버지가 쓴맛 아몬드 얘기를 했어."

"피노 할아버지가 아몬드에는 독이 들어 있어서 많이 먹으면 위험할 수 있다고 말했다는 거야? 루카, 그건 대단한 비밀도 아닌걸. 피노 할아버지는 그 이야기를 만날 하잖아! 게다가 그걸 먹는다고 꼭 죽는 것도 아니야. 쓴맛 아몬드로 마카롱 같은 과자도 만들잖아." 난 슬슬 짜증이 났어.

"그건 나도 알아. 하지만 아까 그 독약 이름을 또 들었단 말이야."

시안화칼륨! 그때 모든 기억이 되살아났어. 불길한 기분이 들기 시작했어.

"누나, 그 독약 이름이 시안화칼륨이지? 기억나?"

"루카, 그건 기차에 있던 여자가 통화하면서 말했던 독이잖아. 혹시, 피노 할아버지랑 이야기하던 여자가 지젤라 할머니 아니었니?"

"누군지는 모르겠어. 그 여자 등만 보인 데다가 올리브 나무 뒤에 있어서 목소리만 들었어. 그래도 확실히 지젤라 할머니는 아니었어."

갑자기 속이 울렁거렸어. "그렇다면……."

"맞아! 기차에 있던 그 여자였어!" 역시 내 짐작이 맞았어!

"카밀라 이모!" 우린 소리 지르며 미친 듯이 집을 향해 뛰었어. 그런데 아무도 보이지 않았어. 그 여자도, 피노 할아버지도. 나무들 사이로 가벼운 바람만 살랑댔어.

"누나, 꼭 붙어 있자!" 루카가 겁에 질려 말했어.

"걱정 마, 루카. 누나가 있잖아. 이리 와!" 우린 집 안으로 냅다 뛰어 들어갔어. 집 안에도 아무도 없었어. 아무도! 왜 이리 조용한 거지? 이모랑 엘레나 아줌마, 에밀리오 아저씨는 다 어디로 간 거야? 피노 할아버지는? 우린 재빠르게 우리 방으로 뛰어올라가서 문을 걸어 잠갔어.

루카가 람포 동상처럼 하얗게 질려 있었어. 나는 동생을 꼭 끌어안아 주었어. 나 역시 겁이 났지만 아닌 척 다른 말을 했지. "음, 그런데 우리가 비어 있다면 왜 이렇게 안고 있어도 합쳐지지 않는 거지?"

"그건 전자기장 때문이란다, 얘들아."

접촉하기 어려워!

"이모! 어떻게 된 거야? 대체 어디 있었어? 방에는 어떻게 들어온 거고?" 나랑 루카가 한꺼번에 말을 쏟아 냈어. 누가 무슨 말을 했고, 누가 먼저 말했는지 기억도 안 나. 그런데 언제 이렇게 소름이 돋은 거지? 나는 무서워서 머리카락이 쭈뼛 섰고 새끼발가락부터 머리끝까지 소름이 돋았어.

"진정해, 얘들아. 왜 이렇게 놀라니? 이모는 아까부터 방 안에 있었어!

너희가 꼭 유령에 쫓기는 것처럼 뛰어 들어오느라 날 못 본 거야. 내가 이 방에 온 건 어제 저녁에 두고 간 책을 찾으러 온 것뿐이고." 정말 이모는 손에 책을 한 권 들고 있었어. 그런데 책 제목이 뭔지 알아? 《드라큘라》야!

"그 여자를 봤어. 기차에 같이 있었던 그 여자!"

"어디에서 봤는데? 소나무 숲에서?"

"아니." 루카가 대답했어.

"과수원에서 피노 할아버지랑 이야기하는 걸 봤어."

"이상하네." 이모가 말했어. "피노 할아버지는 오늘 식구들이랑 다 같이 시에나에 간다고 했거든."

이모가 우리 말을 믿지 않는 눈치야. "루카, 너 혼자서 괜히 이상한 상상한 거 아니야?" 내가 나무랐어.

루카는 자기 말을 의심한다며 버럭 화를 냈어. 저 녀석이 화나면 아무도 못 말려. 루카는 씩씩거리며 문을 쿵 닫고 나갔어. 그러고는 정원으로 내려가서 나무 위 오두막으로 올라가 버렸어.

"루카가 꿈을 꾼 게 아닐까." 동생한테 좀 미안한 마음이 들었어. "그런데 이모, 아까 말한 전자기장이 뭐야?"

이모가 내 어깨 위에 한 손을 얹으며 말했어. "내가 너를 이렇게 만지면 너와 내 표면 원자들의 전자구름이 서로를 밀어내는 현상이 발생한단다. 내가 네 어깨를 더 세게 누르면, 전자구름들도 더 세게 서로를 밀어내지. 그래서 우리 몸이 서로 섞이지 않는 거야. 이해했니? 감옥에 갇힌 사람이 벽을 통과해 탈출하지 못하는 것도 같은 이유지."

"그럼 이렇게 이모가 내 어깨를 만질 때 원자들이 서로 접촉하는 거야?" 내가 물었어.

"그렇기도 하고 아니기도 해." 또 시작이야! 이모가 여느 때처럼 불확실의 왕국으로 발을 내딛었어. "전자구름들이 접촉하는 거야. 전자들끼리 서로 접촉하는 게 아니라 전자기력들이 접촉하는 거지."

"전자구름이 접촉한다는 게 무슨 뜻이야? 스피치 아저씨는 확률 구름이라고 말했어. 이해하기 조금 어려워, 이모. 그러니까 아주 정확하게 다시 말해 줘."

"사실. 스피치가 자세하게 설명하진 않았지. 전자는 원자를 둘러싸는 전자기장을 형성한단다. 그리고 이런 전자기장들이 서로를 밀어내지."

"더 자세히 설명해 줘."

"자석끼리 서로를 밀어내는 걸 본 적 있니? 자석들은 닿기도 전에 서로 밀어내잖아? 전자의 전자기력도 같은 방식으로 서로를 밀어내. 전자들이 서로 접촉하기 전에 밀어내는 거지. 우리가 걸을 때도 실제로는 전자가 생성한 전자기장 위에 떠 있는 거란다."

우아! 이렇게 얘기하니까 정말 명쾌한데! 그래도 이모한텐 절대로 말해 주지 않겠어! 아까 이모가 갑자기 나타나는 바람에 진짜 놀랐거든. "그럼 닭고기를 이빨로 물어뜯으면 무슨 일이 일어나?" 이모의 설명을 못 알아들은 척하면서 또 물었어.

"네가 이빨로 물어뜯는 건 원자가 아니야. 이빨 원자들은 닭고기 원자들과 섞이지 않거든! 네 이빨 원자들의 전자구름이 닭고기 원자들의 전자구름을 밀어내는 것뿐이야. 네가 닭고기를 한 입 베어 물 수 있는 건 이런 방식으로 전자들이 서로를 밀어내기 때문이야."

오늘은 이모한테 지고 싶지 않아. 난 입 속에서 씹던 껌을 꺼내서 나무로 된 침대 머리맡에 붙였어. "좋아, 이모. 그럼 이건 어때? 실험을 해 보자." 그러고는 도전하는 눈빛으로 이모를 바라봤어.

"안나, 당장 껌 떼지 못해!" 이모가 이렇게 화내는 건 처음 봐. 꽤 재미있는걸. "이모, 왜 지금은 전자구름들이 서로를 밀어내지 않는 거야?"

"이 상황에서는 전자기력이 껌의 원자, 아니 더 정확히는 껌 분자들과 나무 분자들이 서로 끌어당기게 한 거야. 이제 됐지. 얼른 껌 떼어 내!" 이모는 화가 난 채로 나가 버렸어. 잠깐만, 문이 그대로 닫혀 있잖아! 설마 이모가 문을 통과해 나간 건 아니겠지? 내가 지금 유령을 본 건가? 아니야, 분명히 이모였어. 너무 혼란스러워. 난 침대 위로 털썩 몸을 던졌어. 침대가 내 등 밑에서 갑자기 사라지지 않길 바라면서 말이야! 오늘따라 접촉하는 게 왜 이렇게 어려운 거야!

유령들의 잠꼬대

나머지 시간은 차분하게 지나갔어. 나무 위 오두막에 찾아가 이모가 나에게 설명한 걸 루카한테도 말해 줬어. 오후에는 이모랑 화해도 했어. 저녁에는 에밀리오 아저씨와 엘레나 아줌마랑 매혹적인 항구 도시 포풀로니아를 방문했어. 포풀로니아는 바라티 만 근처에 있는 고대 에트루리아인들의 정착지였어. 사실, 매혹적이라는 표현이 딱 맞지는 않아. 에트루리아인들이 남긴 거라곤 안타깝게도 무덤밖에 없거든. 그것도 몇몇 무덤은 기원전 8, 9세기 사이에 만들어졌지. 아침부터 과수원에 정체불명의 여자가 나타나고 이모 유령도 봤는데, 결국 무덤까지 오다니! 정말 오싹한 하루야!

"우물, 방, 언덕, 작은 건물, 상자 모양……. 누나, 무덤 종류가 진짜 많아." 루카가 말했어. "누나는 어떤 무덤이 가장 마음에 들어?"

"루카, 그 질문에 꼭 대답해야 하니?" 내가 동생을 차갑게 노려봤어.

"난 방처럼 생긴 무덤이 맘에 들었어." 엘레나 아줌마가 끼어들었어. "마치 작은 집 같지 않니? 제법 편할 거 같아. 바다까지 보이면 더 바랄 게 없겠지."

"꼭 골라야 한다면, 나는 상자 무덤. 무덤에서 나올 때 가장 편할 거 같거든. 덮개만 열면 되니까." 이모가 말했어.

"운이 좋으면 덮개를 안 열어도 돼." 에밀리오 아저씨가 말했어.

"왜요?" 이런! 나도 멍청한 무덤 고르기 놀이에 끼고 말았어. "이모가 오전 내내 벽을 통과해서 지나갈 수 없다고 말했는데요."

"카밀라 말이 맞아. 그렇지만 양자 물리학이 다루는 아주 작은 세계에서는 모든 것이 달라진단다." 아저씨가 고집스럽게 말했어.

"이젠 놀랍지도 않아요." 루카가 빈정댔어. 광양자, 전자, 게다가 지금 우리 곁에 있는 이상한 어른들까지 겪었으니 루카가 저러는 게 당연해.

"입자가 파동이라는 것도 기억하지? 달리 말하면, 각 입자에는 거기에 대응하는 파동이 하나씩 있다고 할 수 있어." 카밀라 이모가 끼어들었어. "파동은 입자가 다른 물체들 사이에서 공간의 어느 한 부분에 위치할 거라는 확률을 말해 준단다. 어떤 물체든지 이 방식으로 설명할 수 있어. 예를 들어, 우리의 파동은 지금 우리가 이곳에 있을 확률이 아주 높다는 걸 알려 주지."

"이모! 진짜 그랬으면 좋겠어. 그렇지 않으면 이모랑 이모 친구들의 이론들을 다 버려야 할지도 모르니까! 봐, 우리 모두 지금 여기 있잖아." 내가 비아냥거렸어.

"맞아. 우린 벽을 통과해서 이곳을 나갈 수도 없다고." 루카가 말했어.

"맞아! 루카." 엘레나 아줌마가 루카의 말에 맞장구쳤어.

"벽을 통과할 수 없다는 걸 알려고 꼭 양자 물리학까지 알아야 할 필요는 없어요!" 내가 퉁명스럽게 말했어.

"사실 양자 물리학에 따르면 우린 벽을 통과할 수 있어." 이모가 다시 말했어.

"뭐라고! 아까 이모가 말한 전자기력은 어쩌고?"

"물론 보통 물체들은 그렇게 못해. 작은 공이 구멍에 들어 있다고 치자. 공은 자기 마음대로 구멍에서 빠져나올 수 없어. 공이 빠져나오려면 자기가 가지고 있는 에너지보다 더 큰 에너지가 필요하거든. 우리가 산 꼭대기까지 오르지 않고서는 산을 넘어갈 수 없는 것처럼."

"산 중간에 구멍을 뚫으면 되잖아." 루카가 말했어.

"그런데 안나가 이름 붙인 알갱이-파동에서는 얘기가 달라진단다." 에밀리오 아저씨가 덧붙였어.

"알갱이-파동은 정말 머리 아파요."

"맞아." 에밀리오 아저씨가 고개를 끄덕였어. "그런데 알갱이-파동이 세상이 작동하는 방식인 것 같거든. 그러니 우리는 그것을 잘 이해하고 적응할 수밖에 없지. 재미있는 점들도 찾아내고 말이야. 카밀라, 이제 네 차례야!"

"알갱이-파동이 구멍에 빠지면 자기 맘대로 구멍에서 나올 수 있어. 다만 시간이 조금 필요하지. 알갱이-파동은 문과 창문이 모두 굳게 닫힌 방에서도 나올 수 있어. 물론 이때에도 시간이 조금 필요해. 이렇게 입자가 장벽을 뚫고 나가는 현상을 터널 효과라고 한단다. 알갱이-파동은 마치 실제로는 존재하지 않는 터널이 있는 것처럼 행동하거든." 이모가 말했어.

"유령이 있다는 말이야?" 루카가 두 눈을 크게 뜨고 물었어.

"유령은 없지만 알갱이-파동은 존재하지. 이건 내 생각인데, 알갱이-파동은 유령들이 엄청나게 갖고 싶어 하는 힘까지 가졌단다." 에밀리오 아저씨가 웃으며 말했어.

"그게 어떻게 가능해요?" 내가 묘지 입구로 나오면서 물었어. 휴! 문이 열려 있어서 다행이야. 우린 전자나 에트루리아인 유령처럼 닫힌 문을 통과할 수도 없잖아!

"수학적 관점에서 보면 간단해. 매 순간 입자가 구멍 밖에 있을 확률은 0이 아니야. 아마도 입자가 구멍 안에 있을 확률이 훨씬 높고, 구멍 밖에 있을 확률이 아주 낮겠지. 그러니까 우리가 충분히 시간을 두고 기다리면, 한순간 입자가 나오는 모습을 볼 수 있어. 물론, 장애물이 더 두껍거나 높을수록 입자가 통과할 확률은 더 낮아지지." 이모가 말했어.

"이모가 마지막으로 한 말만 겨우 알아듣겠어."

"그래, 나도 너희가 지금 당장 이해하기를 바라진 않아. 나중에 이런 이야기 나눌 기회가 또 있겠지. 다만 이 세계가 그렇게 이상하게 움직이지 않으면 컴퓨터도 만들 수 없고, 태양도 빛을 비출 수 없다는 것만 알아 둬. 우리가 이곳에 있을 수 있는 건 터널 효과가 존재하기 때문이란다. 유령 잠꼬대같이 들리겠지만 사실이야."

도깨비장난 같았던 하루가 저물었어. 내일이 벌써부터 두려워!

전자들의 점프!

아침 6시. 나는 방금 바닷가에 도착했어. 아주 투명하고 부드러운 빛이 아름답게 비추었어. 아무리 봐도 1초에 30만 킬로미터를 움직이는 것 같진 않아! 어? 엘레나 아줌마야. 나만 이른 아침 시간의 매력에 빠진 건 아니었나 봐. 그런데 아줌마가 점프를 했어! 정말 멋져. 아줌마는 멀리서 뛰어오더니 바다로 멋지게 뛰어들었지. 게다가 물이 아주 차가울 텐데 잠수까지 했어!

"엘레나 아줌마!" 내가 부르자 아줌마가 웃으며 다가왔어.

"안나, 잘 잤니? 이 시간에 바닷가에 웬일이니?" 아줌마는 수건으로 온몸을 감쌌어. 홀딱 젖었으니 정말 추울 거야!

"잠이 안 와서 루카 옆에 살며시 누웠거든요. 그런데 이 못된 녀석이 나한테 마구 발길질을 하잖아요! 그래서 그냥 옷을 갈아입고 나왔어요."

"그랬구나. 그런데 왜 잠을 못 잤어? 나쁜 꿈이라도 꿨니?"

"아니, 이상한 꿈이었어요. 꿈에서 내 베개가 마치 섬 같았어요. 섬은 밀알로 쑨 죽 같은 바다로 둘러싸여 있었고요. 파도가 어떤 때는 빠르게 또 어떤 때는 느리게 일렁였어요. 파도끼리 서로 합쳐져서 더 큰 파도를 만들기도 했어요. 큰 파도가 나를 집어삼킬까 봐 얼마나 무서웠는지 몰라요. 파도들이 합쳐져서 사라지기도 했어요. 그럴 때는 바다가 완전히 평평해졌어요. 정말 끔찍했어요! 더 심한 건, 내가 누군지 더 이상 모르겠더라고요. 내가 안나인지 루카인지, 사람인지 파도인지 알 수가 없었어요. 그때 작은 동물이 다가왔어요. 아마 쥐였을 거예요. 쥐는 내 머리 옆 베개 위에 드러누웠어요. '쥐야, 내 베개 위에서 뭐 하니?' 하고 내가 물으니까 쥐가 이렇게 대답했어요.

　난 생각은 많지만 말을 하진 않아요.

　생각이 벌레처럼 나를 갉아먹는 것 같아요.

　난 쥐일까요? 고양이일까요?

요즘 나눴던 이야기들이 다 소화가 안 됐었나 봐요. 그래도 난 할 수 있어요. 자연이 진짜 이런 식으로 돌아간다면, 내가 적응해야죠. 이제 와서 다 포기할 순 없잖아요? 다 이해하고 말겠어요!"

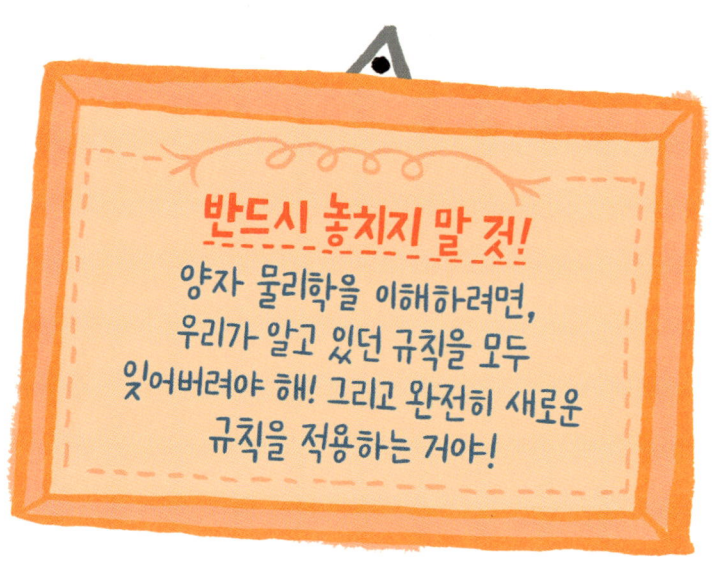

반드시 놓치지 말 것!
양자 물리학을 이해하려면,
우리가 알고 있던 규칙을 모두
잊어버려야 해! 그리고 완전히 새로운
규칙을 적용하는 거야!

"당연하지! 양자 물리학은 사실 그렇게 어렵지 않아. 다만 새로운 규칙과 지시를 익히는 데 시간이 조금 걸릴 뿐이야. 연극을 한다고 생각해 봐. 미지의 세계에서 활동하는 주인공이 되어서 그 세계의 규칙에 따라 움직이는 거야. 우리가 자꾸 실수를 하는 건, 양자 물리학을 이해하기 위해서는 우리가 이미 알고 있는 규칙을 버리고 완전히 다른 규칙을 적용해야 한다는 사실을 잊어버리기 때문이야."

"네, 아줌마 말이 맞아요. 그런데 정말 우리가 사는 세상과는 별개의 세상 같아요."

"그래, 양자 물리학이 다루는 아주아주 작은 세계를 들여다보다가 우리 인간을 비롯한 미생물, 그리고 주변에 있는 물건처럼 큰 세계를 보면 정말 이해하기 어렵지."

"그런데 아줌마는 점프하는 걸 좋아하죠?" 내가 화제를 돌려 말했어.

"응, 아주 좋아해. 위로 올라갈 때랑 아래로 떨어지는 순간이 좋아. 아주 잠시 떠 있는 순간에는 마치 하늘을 나는 것처럼 기분이 짜릿하단다."

"며칠 전에 양자 물리학이 점프 물리학이라고 했잖아요. 아줌마가 가장 좋아하는 물리학이라고도 했고요. 그 말이 무슨 뜻인지 전혀 모르겠어요. 더 자세하게 말해 주세요." 내가 말했어.

"원자가 뭔지 아니?" 아줌마가 모래 위에 앉으면서 물었어. 머리 위까지 온몸에 수건을 돌돌 감은 채로 말이야.

"요 며칠 동안 원자에 대해 이야기했었죠. 난 수소나 철, 산소, 그리고 탄소 같은 원자를 몇 개 알아요. 맞죠?"

"맞아. 그럼 수소 원자 속에 핵 하나와 전자 하나가 있다는 것도 알겠구나."

"핵이 중성자와 양성자로 구성되어 있다는 것도 알아요."

"수소는 가장 간단한 원소야. 수소 핵에는 양성자 하나만 있거든. 그리고 이 양성자 핵 둘레에 구름을 형성하는 전자가 하나 있어. 전자는 자신이 지닌 에너지 양에 따라 명확히 구분되는 여러 궤도에 머물 수 있단다. 하지만 정해진 궤도 밖에는 절대로 머물 수 없어. 이건 기차가 역에 섰을 때랑 비슷해. 기차는 무조건 한 선로 위에 있어야 하잖니. 그리고 원자의 궤도마다 그에 맞는 에너지의 크기가 정해져 있어. 만약 원자에 에너지를 공급하면 어떻게 될까? 예를 들어 빛을 공급하면?"

"빛은 광양자로 되어 있죠? 내 기억이 맞다면, 광양자는 정해진 양만큼만 에너지를 운반해요. 광양자가 운반하는 에너지의 양은 빛의 진동수에 따라서 달라지고요. 양동이가 자기 부피만큼의 물은 운반할 수 있지만 자기 부피를 넘는 양의 물은 운반할 수 없는 것과 마찬가지죠."

"맞아. 그런데 광양자들은 딱 정해진 만큼만 에너지를 담을 수 있어. 그 이하나 반만 채울 수는 없지. 원자에 빛을 공급하면 에너지는 아주 작은 조각 형태로 전달돼. 이 조각 에너지가 충분하면 원자는 에너지를 흡수하지. 아니, 정확하게는 전자가 흡수한다는 말이 맞겠구나. 전자가 흡수한 에너지를 어떻게 사용하는 줄 아니?"

수소 원자

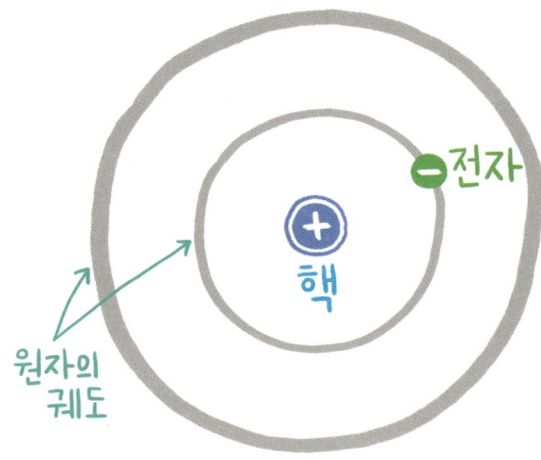

전자는 정해진 궤도를 돌아.

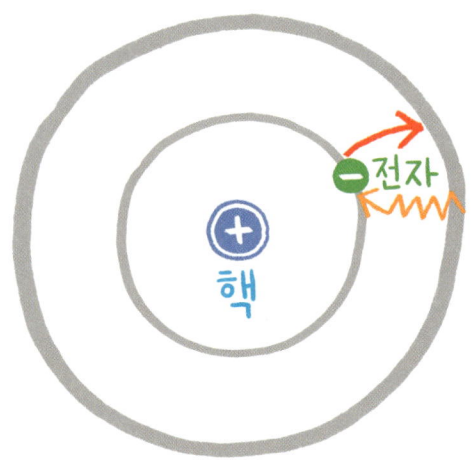

전자는 광양자의 에너지를 흡수해서 바깥 궤도로 점프해.

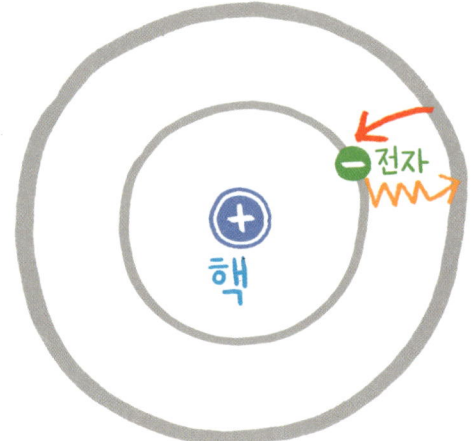

전자가 원래 궤도로 돌아오면서 흡수했던 광양자의 에너지를 다시 내보내. 이때 빛을 내뿜어.

"어떻게 하는데요?"

"더 빠르게 움직여서 핵에서 더 멀리 떨어져. 궤도를 바꾸는 거지. 바로 에너지 점프를 하는 거란다. 하지만 에너지의 양이 충분하지 않으면 빛은 아무 일도 못해! 원자 속에서 전자가 에너지 양이 각각 다른 궤도 사이를 점프하듯이 오가는 것, 이것이 양자 도약이란다."

"각 궤도에 머물기 위해 필요한 에너지 상태는 누가 결정해요?"

"원자의 구조가 결정해. 수소를 예로 들면, 핵에 양성자 하나가 있고, 이보다 설명하기는 훨씬 어려운 다른 요소들도 있지. 이런 것들이 결정하는 거야." 아줌마가 웃으며 말했어. "그런데 아직 가장 재미있는 부분을 말하지 않았구나. 높은 에너지가 필요한 궤도들은 안정적이지 못해. 그래서 에너지가 높은 궤도로 점프한 전자는 잠시 뒤, 에너지가 더 낮은 궤도로 돌아온단다. 이 때 전자는 점프를 하며 사용했던 에너지를 돌려줘. 이 에너지를 세상에 어떤 형태로 돌려주는지 아니?"

"아니요. 아줌마가 설명해 줄 거죠!" 내 대답이 아줌마 맘에 들었으면 좋겠어. 난 아줌마가 맘에 쏙 들거든.

"빛의 형태로 돌려줘! 전자는 높은 에너지의 궤도에서 낮은 에너지의 궤도로 점프할 때 빛을 내뿜어! 재밌지 않니?"

"전자들이 양자 도약을 하는 동안 원자가 빛을 낸다니……. 재미있어요!" 내가 대답했어. "밀라노에서 있을 때가 생각나요. 학교에서 돌아오는 길에 어떤 집 앞을 지나는데 가끔 누군가 집 안에서 피아노를 연주해요. 그럴 때면 길가까지 피아노 소리가 흘러나와요."

아줌마가 웃으며 말했어. "양자 물리학의 많은 현상들도 점프하는 것처럼 보인단다. 이런 걸 보면, 양자 물리학이 진짜 신나지 않니?"

수평선과 나란히 달리고 있는 사람이 보였어. 마치 파도 소리가 배경 음악인 영화를 한 편 보는 것 같았지. 잠시 정적이 흐른 뒤, 내가 입을 열

었어. "이모가 그러는데 아줌마는 의학 분야에서 아주 특별한 일을 한다고 했어요."

"맞아. 양자 물리학을 의학에 활용하는 분야야. 난 항상 사람과 물리를 함께 생각하는 걸 좋아하거든." 아줌마가 수건으로 젖은 머리를 말리면서 말했어. "원자에서 벌어지는 점프가 누군가를 행복하게 만들 수 있다고 생각하는 게 좋아. 고작 눈에 보이지도 않는 전자가 점프한다고 해서 진짜로 기뻐할 사람이 없을 수도 있겠지. 하지만 난 그냥 그렇게 믿고 싶어."

난 이런 생각을 하는 엘레나 아줌마가 정말 좋아. 왜 그런지 잘 모르겠지만 말이야.

햄릿의 고민

우리는 시골집의 아늑한 거실에 앉아 있었어. 루카가 담요를 덮으며 말했어. "누나. 이제 곧 개학이라는 건 알지만, 그래도 여기 며칠만 더 있으면 좋겠어."

나도 그렇게 생각했어. 우리가 점심을 먹을 때 하늘이 구름으로 뒤덮였어. 남서쪽에서 몰려온 구름은 솜처럼 희고 산처럼 높았어. 그런데 몇 시간 뒤, 하늘이 회색빛으로 물들더니 이윽고 비가 내리기 시작했어. 비는 엄청나게 쏟아져 내렸어. 잠시 비가 그치는가 싶다가도 다시 내리곤 했지. 결국 우린 남은 오후 시간을 집 안에서 보내게 됐어. 우리는 다 같이 둘러앉아서 이모가 어릴 때 하고 놀던 보드게임을 했어.

"으악!" 내가 갑작스럽게 소리쳤어. "쥐야, 쥐! 어디서 온 거지?" 몸집이 아주 작은 잿빛 쥐가 문지방 위로 머리를 쏙 내밀고 있었어.

"와, 정말 귀엽다!" 루카가 흥분해서 말했어. "시골 쥐가 천둥소리가 무서워서 집 안으로 들어왔나 봐!" 우리가 말하는 사이에 쥐는 가구 밑으로 쏙 들어가 버렸어. 그러고는 우리 이야기를 엿듣고 싶은 듯 코만 빼쭉 내밀었어.

"어젯밤 내 꿈에 나왔던 쥐랑 정말 닮았어!"

"그럼 이 쥐를 햄릿이라고 부르자! 햄릿처럼 네 꿈에 나왔던 쥐도 자

에어빈 슈뢰딩거
~1887-1961~

슈뢰딩거의 고양이

기 존재에 대한 질문들을 많이 했잖니!" 엘레나 아줌마가 제안했어.

"햄릿, 이리 온. 옳지." 카밀라 이모가 햄릿을 불렀어. 햄릿은 고개를 들고 냄새를 맡았어. "이리 오렴, 햄릿." 이모의 말을 알아들었는지, 햄릿은 이모가 부엌으로 들어가자 쪼르르 뒤따라 들어갔어. 햄릿은 정말 겁이 없는 것 같아.

이모가 부엌에서 나오더니 씩 웃으며 말했어. "햄릿을 부엌으로 데려가서 문을 잠가 버렸어. 그리고 쓴맛 아몬드를 넣어 만든 고기 완자를 먹이로 잔뜩 주고 왔어. 황소도 죽일 만큼 많은 양이었으니까 햄릿은 금방 끝장날 거야."

"이모, 미쳤어?" 나는 당장 햄릿을 구하려고 일어서려 했어.

"농담이야. 난 쥐 도살자가 아니라고! 슈뢰딩거라는 물리학자가 고안한 양자 물리학 문제를 설명하려는 거야. 슈뢰딩거는 양자 물리학을 만든 과학자 중 한 명이지. 슈뢰딩거의 문제에는 고양이 한 마리가 등장해. 그래서 슈뢰딩거의 고양이 역설이라고 한단다. 양자 물리학에서는 아주 유명한 문제지. 이 문제를 좀 더 쉽게 설명하려고 햄릿을 가둔 것뿐이야."

나는 의심스러운 눈으로 이모를 노려봤어. 루카는 겁에 질린 표정으로 나를 봤지. 다시 시안화칼륨과 쓴맛 아몬드 이야기가 나오다니! 사실 이 문제를 심각하게 파헤쳐 본 적은 없었어. 이번에도 이모가 기차처럼 쉬지 않고 말하는 바람에 또 기회를 놓쳤어.

"햄릿이 고기 완자를 먹으면 죽을 거야. 그렇지?"

"가짜로 죽는 거지?" 루카가 물었어.

"맞아. 가짜로 죽는 거야." 참 인자하기도 하셔라! "이모가 부엌에 가둘 때까지 햄릿은 아주 활발하게 움직였어. 그런데 지금 이 순간에는 어떨까? 햄릿은 살았을까, 죽었을까?" 이모가 물었어.

"살아 있으면 좋겠어!" 우리가 한목소리로 소리쳤어.

"그런데 아무 소리도 안 들려!" 루카가 불안해하며 말했어.

"우리의 논리에 따르면 햄릿은 죽었든지 살았든지 둘 중에 하나야. 그런데 양자 물리학에서는 햄릿의 상태를 두 가지 확률의 파동으로 설명한단다. 한쪽 파동은 햄릿이 죽었다고 하고, 다른 파동은 살았다고 하는 거야."

"에이, 그냥 우리가 몰라서 그렇다고 하는 거 아니야! 내가 당장 부엌에 가서 확인해 볼게." 루카가 의심 어린 눈초리로 말했어.

"그건 안 돼. 네가 다가오는 소리를 듣고 햄릿이 놀라서 날름 독이 든 고기 완자를 먹으면 어떡해! 네가 햄릿을 구하는 게 아니라 죽이는 꼴이 될 거야. 그건 별로 기쁜 일이 아니겠지."

108

"알겠어. 안 갈게. 하지만 햄릿이 아파도 우린 전혀 모르잖아."

"양자 물리학에 따르면, 우리가 햄릿이 죽었는지 살았는지 모를 뿐만 아니라, 지금 이 순간 햄릿은 정말로 삶과 죽음이 겹친 상태에 있어. 그런데 지금 네가 관찰을 하면 그런 상태를 바꿔서 햄릿이 죽을지 살지 결국 선택하게 만들어."

"만약 햄릿을 놔둔다고 치자. 어떻게 동시에 살기도 하고 죽기도 할 수 있을까? 이게 바로 문제야!" 이모 말이 끝나자 엘레나 아줌마가 덧붙여 말했어. "햄릿 이름 하나는 진짜 기막히게 잘 지었어."

"물론 이건 게임이야. 역설이지." 에밀리오 아저씨가 끼어들었어. "우리가 두 눈으로 직접 보기 전까지는 햄릿이 동시에 죽기도 하고 살기도 한다는 걸 상상하기 힘들어. 우리가 보는 것만으로도 햄릿을 죽일 수 있다는 것도 그렇지. 하지만 원자나 전자라면 이야기가 달라져. 예를 들어 전자 한 개가 여러 수준의 에너지를 가질 수 있다면, 이런 모든 에너지 수준을 다 알고 있는 파동으로 전자를 설명해야만 하지. 또는 전자를 여러 위치에서 찾을 수 있으니까 가능한 모든 위치에 놓일 수 있는 파동으로 설명하든가."

바로 그 순간, 햄릿이 나타났어! 햄릿은 굉장히 만족스러운 표정으로 문지방에 서서 수염을 핥고는 우리에게 인사도, 야옹 소리도 없이 문밖으로 나가 버렸어. 하긴, 햄릿은 야옹 하고 우는 고양이가 아니라 고양이가 잡아먹는 쥐였지! 사람도 아니니까 "안녕!" 하고 인사도 못했을 거고. 루카는 햄릿이 "멍멍" 하고 짖지도 못했을 거라고 쓸데없이 덧붙였어.

"어? 이야기하는 사이에 비가 그쳤어요." 내가 자리에서 벌떡 일어나며 말했어. "올해에는 비가 그친 바다를 본 적이 없으니까, 난 이제 바닷가로 가겠어요." 모두가 나를 봤는데, 내가 보기엔 모두 찬성하는 눈빛이었어.

"나도 따라갈게." 그런데 딱 한 사람, 엘레나 아줌마만 찬성했어. "이따 보자! 얘들아."

아줌마랑 나는 나머지 사람들을 놔두고 바닷가로 향했어. 아줌마랑 또 단둘이 시간을 보내다니, 정말 좋아! 비가 내린 뒤인데도 공기는 여전히 더워. 젖은 모래가 이불처럼 해변을 덮고 있었지. 발자국이 하나도 없는 걸 보니, 우리가 처음으로 이곳에 온 것 같았어. 수평선 위에 떠 있는 검은 구름 때문인지 바다가 짙고 부드러운 초록빛으로 물들었어. 마치 하늘의 모든 열기가 에메랄드빛 파도 사이로 숨어 버린 것 같아. 엘바 섬 너머 바다와 구름 사이로 옅은 빛줄기가 보였어. 태양이 우리 그림자를 아주 길게 드리우며 낮게 지고 있었지.

"안나, 이것 봐. 우리 그림자 정말 길다. 우리가 뛰어오르면 그림자가 소나무 숲까지 닿겠어." 엘레나 아줌마가 웃으며 말하고는 내 손을 잡았어. 우린 아무 말 없이 바다를 향해 뛰었어. 그러고는 푸른 바다가 우리를 품어 주기를 바라며 바닷속으로 풍덩 뛰어들었지.

햄릿이 분리됐어!

우린 다시 캄필리아 역에 왔어. 엘레나 아줌마와 에밀리오 아저씨를 태울 기차를 기다리고 있어. 무엇보다도 난 엘레나 아줌마가 떠나서 너무 아쉬웠어. 우리가 역에서 기다리는 사이 습하지만 기분 좋은 저녁 시간이 되었어.

"카밀라, 안나랑 루카한테 쥐 이야기가 너무 어려웠을까?" 에밀리오 아저씨가 물었어. "진짜 문제가 뭔지 설명해 줘야지."

"얘들아, 햄릿은 어디로 갔을까?" 이모가 신이 나서 물었어.

"자기가 있을 수 있는 모든 곳에 동시에 있겠지." 내가 가볍게 비꼬면서 대꾸했어.

"아니야, 걱정 마. 햄릿은 아주 만족스러운 상태로 정원으로 돌아갔단다." 이모가 말했어. "그리고 이모는 햄릿이 건강하게 잘 살아 있을 거라고 확신해. 비록 우리가 보고 있지는 않지만."

"오늘 아침 원자의 궤도에 대해 말했던 거 기억나니? 전자가 궤도들 사이를 점프한다고 했었잖아." 엘레나 아줌마가 부드러운 목소리로 나한테 물었어.

"확률 이야기도 기억나니?" 에밀리오 아저씨가 나와 루카를 차례로 내려다보며 물었어.

"대충 기억나요." 루카가 고개를 갸웃하며 의심 섞인 눈초리로 아저씨를 쳐다봤어. 아저씨가 무슨 이야기를 하고 싶은지 알아내려는 눈치야.

에밀리오 아저씨가 가방에서 플라스틱 머리빗을 하나 꺼내며 말했어. "답답한 이야기는 접어 두고 더 쉬운 예를 들어 볼까. 이 빗을 뭐라고 할까? 음, 그래. 햄릿을 기념하는 뜻으로 **양자 쥐**라고 하자. 이 쥐의 수염은 위로 향하거나 아래로 향할 수 있어. 쥐가 바로 우리 앞에 있으니까 수염이 어디로 향해 있는지 확인하려면 슬쩍 보기만 하면 돼. 알겠니?"

"글쎄요. 우선 계속해 보세요. 끝까지 한번 들어 보고 알려 줄게요." 루카가 대답했어.

"우리의 양자 쥐는 매우 게으른 친구야. 거의 항상 수염을 아래로 향하게 하고 있어. 그게 훨씬 편하거든. 양자 쥐 1000마리를 검사했더니, 900마리는 수염이 아래로 향해 있고 100마리는 수염이 위로 향해 있어."

"여기까지는 이해가 됐어요." 내가 말했어.

"이제부터가 흥미로운 부분이야. 양자 물리학자들은 무작위로 양자 쥐 한 마리를 선택해서 보면, 수염을 검사하기 전까진 이 쥐가 아주 이상하게 행동한다는 걸 밝혀냈어."

"어떻게 행동하는데요?"

"이 쥐는 수염을 위로 향하고 있지 않아."

"그럼 아래로 향하고 있어요?"

"아니, 그것도 아니란다."

"그럼 한쪽 수염은 위로, 다른 쪽 수염은 아래로 향하고 있어요?"

"그것도 아니야."

"수염을 잘라 버렸어요?"

"아니, 아니야."

"그럼 수염이 곱슬곱슬해요?"

"아니야. 쥐의 수염은 곧고 위나 아래, 한쪽으로만 향할 수 있어."

"그럼 어떻게 되는데요? 더 이상 가능한 경우가 없잖아요!"

"아주 이상하지만, 두 상태가 겹쳐 있는 것처럼 보여. 마치 이 쥐의 수염은 동시에 위로, 그리고 아래로도 뻗어 있는 거 같아. 90퍼센트의 확률로는 아래를 향해 있고 10퍼센트의 확률로는 위를 향해 있는 거지!"

"그게 무슨 뜻이에요?"

"사실 이게 무슨 뜻인지는 정확히 알 수 없어. 나만 그런 게 아니야." 이모가 끼어들었어.

"나도 잘 몰라." 엘레나 아줌마가 말했어.

"이모도 아직까지 완전히 이해하지 못했어. 이 불가사의한 **중첩 상태**가 실제로 그런 건지 우리가 몰라서 그런 건지 말이야." 이모가 말했어.

"우리가 무지하기 때문만은 아닐 거야." 에밀리오 아저씨가 말했어. "왜냐하면 실험을 통해 수염이 위로 향해 있는지 아래로 향해 있는지 측정

하기 전에, 양자 쥐의 상태가 불확실하다는 걸 발견했거든. 쥐한테는 수염을 위로 향할지 아래로 향할지 결정할 필요가 없는 것 같아. 그런데 누군가 수염을 측정하면 이 쥐는 결정을 해야 하고 그렇게 움직여. 관측된 모든 쥐들처럼 수염을 아래로 둘지 혹은 위로 둘지 둘 중에 선택한단다."

"불확실한 쥐군요. 햄릿처럼요!" 내가 말했어. "나는 아직까지 이 불가사의한 중첩이 뭔지 이해를 못 하겠어요." 내가 솔직하게 고백했어.

"한번은 내가 쥐를 그렸는데, 파란색 파스텔로 색칠했지." 갑자기 루카가 끼어들었어.

"그래? 난 토한 적이 있는데!" 내가 곧바로 가로막았어. "루카, 도대체 네가 쥐를 그렸다는 거랑 이 얘기랑 무슨 상관인데?"

"누나, 내 말을 끝까지 들어 봐! 처음엔 파란색으로 색칠했다가 다시 노란색으로 덧칠을 했어. 그리고 그 위엔 다시 빨간색으로 색칠했고."

"음, 그러니까 루카가 쥐 한 마리를 엉망진창으로 칠했다는 거네." 에밀리오 아저씨가 요약해서 말했어. "여러 색을 마치 필름처럼 차곡차곡 중첩시킨 거지."

"물론 겹겹이 칠한 색들은 필름같이 한 겹씩 떼어 낼 순 없었어요. 하지만 내가 하려던 얘기가 바로 그거예요!" 루카가 말했어.

"그래. 그런 식으로 색칠한 양자 쥐 1000마리가 있다고 상상해 봐. 그리고 그 색을 측정해야 해. 정말 재미있는 점은 측정 결과가 이 색 저 색 섞인 상태가 될 수 없다는 거야. 우리가 측정하는 건 파란색, 노란색, 빨간색 같은 순수한 색이야. 절대로 섞여 있는 색상을 측정하는 게 아니지. 그러니까 파란색 쥐 한 마리, 노란색 쥐 한 마리, 빨간색 쥐 한 마리 이런 식으로 측정하는 거지. 모든 쥐는 이 세 가지 색깔 중 하나야. 하지만 양자 쥐는 색을 측정하기 전에는 세 가지 가운데 어떤 색도 아닌 불확실한 색을 지니고 있어."

한눈팔고 이야기하는 사이, 기차가 역으로 들어오기 시작했어. 멍청한 양자 쥐 따위에 너무 많은 시간을 빼앗겼어! 아직 엘레나 아줌마를 꼭 껴안지도 못했는데! 울컥 눈물이 나려는 걸 꾹 참으며 아줌마를 아주 세게 껴안았어. 아저씨 아줌마가 그리울 거야!

측정은 언제나 실수

 오전 9시, 너무 늦지도 이르지도 않은 시간이야. 모든 게 딱 좋아. 난 혼자 바닷가에 앉아서 물끄러미 바다를 바라봤어. 바다 표면이 기름처럼 반질반질해. 피노 할아버지라면 이렇게 말했을 거야. "훌륭한 올리브 기름이구나."
 바닷가에는 아무도 없었어. 왼쪽 오른쪽, 어디를 봐도 아무도 안 보였지. 바로 이때야! 난 바닷속으로 뛰어들었어. 마치 전자가 한 에너지 궤도에서 다른 에너지 궤도로 점프하듯이 말이야! 이런 때가 아니면 언제 또 점프할 수 있겠어? 하지만 난 아래로 떨어질 때 빛을 내뿜지는 못하겠지? 난 뛰고 또 뛰어들었어. 엘레나 아줌마가 정말 보고 싶어. 내 마음이 텅 빈 것 같아. 누군가가 그리우면 몸속 원자들의 비어 있는 부분이 더 크게 느껴지는 걸까?
 난 곧바로 카밀라 이모와 루카가 있는 집으로 돌아왔어. 어제 저녁에 나눈 이야기가 아직까지도 내 머릿속을 괴롭혔어. 불가사의한 양자 쥐가 쥐인지 아닌지, 수염이 위인지 아래인지, 중첩된 상태라는 물리학자들의 이야기도 모조리 혼란스러워. 측정을 아무리 정확하게 해도 결과가 불확실하다는 걸 어떻게 이해하란 말이야.

"이모! 루카!" 집에 도착하자마자 나는 크게 소리쳤어. 아침을 아직 먹지 않아서 배가 고프기도 했고, 궁금증이 풀리지 않아서 답답하기도 했거든. 오늘로 우리가 이곳에 온지 7일째가 됐어. 그런데 난 아직까지 많은 걸 이해하지 못한 기분이야. 어쩌면 아무것도 이해하지 못했을지도 몰라.

"누나, 우리 여기 있어!" 동생이 창고로 쓰는 작은 건물에서 내다보며 말했어. "내 분재에다가 접목을 하는 중이야!"

"그냥 보통 분재로는 만족을 못 하겠니? 가지마다 종류가 달랐으면 좋겠어?" 내가 빈정대며 물었어.

"당연하지! 기억 안 나? 이모가 지난번에 피노 할아버지가 접붙인 나무들을 보여 줬잖아." 루카가 헤벌쭉 웃었어. "생각해 봐. 벚나무랑 살구나무 가지가 자라면 내 분재는 벚나무도 아니고 살구나무도 아닌 특별한 나무가 될 거야. 둘 다 아니면서 둘 다이기도 한 나무가 되는 거지. 중첩 상태인 '양자 나무'가 될 거라고!"

"글쎄. 네가 정 원한다면 그렇다고 인정할게. 하지만 실상은 그런 게 아니란다." 이모가 끼어들었어. "실제 세계에서는 중첩 상태가 오래가지 못해. 네 나무는 그냥 이것저것 섞인 나무일 뿐이야. 이모가 아침을 준비하는 동안 부탁 하나만 들어줄래? 줄자로 널빤지 길이를 재 줘. 피노 할아버지한테 식탁을 만들어 달랬더니 널빤지 치수를 정확하게 알려 달라고 하셨어."

"이모, 널빤지 길이가 2미터와 45센티미터의 중첩 상태가 되는 건 아니지!" 루카가 이모를 놀렸어.

"얼른 재 봐! 그동안 난 아침밥을 만들게." 이모가 웃으며 대답했어.

널빤지 길이를 측정하는 게 쉬울 것 같지? 우선, 널빤지 한쪽 끝에 줄자의 0을 아주 정확하게 맞춰. 그 다음에는 줄자를 널빤지 옆면을 따라 똑바로 잡아당겨. 이제 측정된 수치를 정확하게 읽으면 돼. 그게 뭐가 어렵냐고? 그래, 나도 처음에는 그랬어. 그런데 어려울 게 하나도 없는 일을 하느라고 엄청 오랜 시간을 들였어. 못 믿겠다면 직접 해 봐! 나랑 루카는 30분이나 줄자랑 씨름을 했어. 우리가 측정한 결과를 한번 볼래?

루카가 첫 번째로 쟀을 때 : 2미터 5센티미터(2.05m)
내가 첫 번째로 쟀을 때 : 2미터 1센티미터(2.01m)

루카가 두 번째로 쟀을 때 : 2미터 4센티미터(2.04m)
내가 두 번째로 쟀을 때 : 2미터 2센티미터 5밀리미터(2.025m)

루카가 세 번째로 쟀을 때 : 2미터 3센티미터(2.03m)
내가 세 번째로 쟀을 때 : 2미터 2센티미터 5밀리미터(2.025m)

이게 어떻게 된 거지? 측정할 때마다 길이가 달라졌어. 도대체 진짜 널빤지 길이는 얼마인 거야?

"카밀라 이모!" 우리는 큰 소리로 이모를 불렀어.

오차의 진실

우리는 널빤지 재는 일을 잠시 미뤄 두고 소나무 숲에서 아침을 먹었어. 이모가 만든 피자를 먹어 치우고는 다시 널빤지 이야기를 꺼냈지.

"측정하는 건 실수하는 거나 마찬가지야!" 이모가 말했어. "측정은 줄자 같은 측정 도구와 다른 물체를 비교하는 거야. 측정을 해서 대상의 특성을 알아내는 거지. 지금 우리는 널빤지 길이를 알고 싶은 거고. 내가 말하는 동안 흐르는 시간은 시계로 측정할 수 있지."

"그러니까, 이모! 제발 좀 간단히 말해 줘." 나는 말을 하자마자 후회했어. 왜 그런지 모르겠지만, 이번 여행 동안 자꾸만 이모한테 심술궂게 말하게 돼.

"너희도 해 봐서 알겠지만, 측정을 할 때마다 여러 원인으로 오차가 났잖아." 이모가 말했어.

"정말 열심히 쟀는데도 잴 때마다 널빤지 길이가 달라졌다고. 도대체 누가 측정한 게 맞는 거야?" 내가 되물었어.

"아주 신중하게 따져 보면, 너희 둘이 측정한 값들 사이의 차이를 줄일 수는 있어. 하지만 그 차이를 완전히 없애기는 어려워. 내가 준 줄자에 밀리미터도 눈금도 있었지?"

"응." 루카가 대답했어.

"만약 100명이 같은 줄자를 이용해서 널빤지 길이를 재면, 수많은 측정값이 나올 거야. 그 측정값들 중간쯤에 평균값이 있을 거고."

"널빤지의 길이가 정확히 얼마라는 거야?" 루카가 물었어.

"널빤지의 길이가 평균값에 가깝다고 말할 수밖에 없어. 물론 실제 길이와 평균값 사이에는 오차가 있지. 예를 들어 평균값이 2.028미터이고, 오차가 1밀리미터라고 해 보자. 이건 대부분의 사람들이 측정한 값이 2.027미터에서 2.029미터 사이라는 뜻이지. 실제 길이는 확실히 알 수 없고."

"더 정밀한 도구를 사용하면 되지 않아?" 내가 물었어.

"이상하게 들릴 테지만, 더 정밀한 도구를 사용해도 결과는 바뀌지 않아. 예를 들어 0.1밀리미터 눈금까지 있는 자로 측정하면 널빤지 길이가 2.0275미터에서 2.0276미터 사이라고 말할 수는 있겠지. 범위는 좁혀졌지만 여전히 오차는 존재하지." 이모가 빠르게 다가오는 구름을 바라보며 말했어.

"이것도 양자 물리학과 관련이 있는 거야?" 루카가 물었어. 그러면 좀 위로가 될 거라고 생각했나 봐.

"아니야, 루카. 길이 측정은 두 개의 물체를 비교하는 거야. 지금은 센티미터와 밀리미터 눈금이 있는 줄자와 널빤지가 비교 대상인 거지. 이런 비교를 할 때에는 결과를 근삿값과 오차로 나타내야 해. 더 정교한 도구를 사용할 때도 마찬가지지. 그러니까 널빤지 길이를 말하려면 여러 번 재서 확률적으로 가장 자주 나오는 값과 오차의 범위를 함께 알려 줘야 해." 이모가 말했어.

"또 확률 이야기야! 이모, 우리는 학교에서 아직 확률을 안 배웠다고." 나랑 루카가 동시에 소리쳤어.

"나도 알아. 그래도 선생님한테 물어볼 수는 있잖아." 이모가 웃으며 말했어.

원자는 유령이야!

오차 이야기를 하다 보니 문득 생각이 났어. 이모는 구름을 보고 날씨를 맞추는 재주가 있어. 틀린 적이 거의 없다니까. 저녁때쯤 하늘이 온통 구름으로 뒤덮였는데도 이모가 이렇게 말했어. "비는 안 올 거야." 우리는 이모 말을 믿고 아름다운 소나무 숲에 있는 야외 식당으로 피자를 먹으러 갔어. 이모 친구가 일하는 식당인데 이름이 '해넘이'야. 식당은 저녁을 먹으러 온 손님들과 소리를 지르며 분주하게 움직이는 웨이터들로 시끌벅적했어. 분위기도 즐겁고 주인 아저씨와 아줌마도 유쾌했어. 아저씨는 뱃사람같이 생겼는데 이모 말로는 물리학자래. 어떻게 된 게, 어디를 가도 온통 물리학자들뿐이야! 아줌마는 초등학교 선생님이었대.

얼굴이 피자처럼 둥글납작한 아저씨가 어마어마하게 큰 피자 세 판을 테이블에 내려놓으며 말했어. "우리 천체 물리학자님을 위한 적색 거성 세 판 대령이요. 블랙홀을 만들려고 오징어 먹물로 요리한 올리브도 몇 개 올렸지! 어때 카밀라? 나 천체 물리학 좀 아는 것 같지 않니?"

이모가 웃으며 대답했어. "글쎄, 적색 거성에는 블랙홀이 없는데······."

"에이 좀 봐줘! 자, 얼른 먹어 봐. 우리 식당 대표 요리야." 아저씨가 말을 하자마자 다른 테이블로 갔어.

"오차 이야기를 계속해 볼까?" 이모가 피자를 한 입 베어 물며 물었어.

"시작했으니까 끝을 봐야지." 내가 피자를 꿀꺽 삼키고 대답했어.

"아직도 알아야 할 게 또 있어?" 루카가 의심스러운 눈초리로 물었어.

"루카, 피자 위에 있는 올리브 보이지?" 이모가 말했어.

"이모 줄까?" 루카가 순진하게 되물었어.

"아니야. 올리브를 자세히 봐. 올리브가 어디에 있고 어떻게 움직이는지 말해 보렴. 쉽지?" 이모가 계속 말했어.

"올리브는 피자 한가운데에 가만히 있어. 우리가 자로 올리브를 재면 또 오차가 생길 거라고 말하고 싶은 거야? 그 얘긴 벌써 했잖아." 내가 반항 어린 투로 말했어.

"맞아. 오늘 아침에 우린 더 정밀한 측정 기구를 사용하면 오차를 줄일 수는 있지만, 그래도 완전히 오차를 없애지는 못한다는 이야기를 했지." 이모가 한숨을 쉬며 말했어. "그런데 양자 물리학은 여기서 한 발짝 더 나아간단다. 독일 물리학자인 하이젠베르크의 유명한 불확정성 원리에 따르면, 아무리 정밀한 도구로 측정해도 위치와 속도 두 가지를 동시에 정확히 측정할 수는 없어." 이모는 우리가 어떤 반응을 보이는지 살피려고 잠시 말을 멈췄어.

나는 무슨 말인지 하나도 모르겠어. 어떤 반응을 해야 할지도 모르겠고. 이모는 우리가 올리브의 위치와 속도를 완전히 정확하게 잴 수 없다고 했어! 그게 뭐가 중요해? 올리브는 지금 접시 위에 가만히 있는걸!

베르너 하이젠베르크
1901-1976

불확정성 원리

"이해가 안 돼." 몇 초 뒤 내가 말했어.

"누나, 누난 정말 아무것도 이해하지 못했구나." 루카가 말했어. "양자 물리학은 올리브같이 큰 물체에는 아무 영향도 끼치지 않는다는 걸 아직도 모른단 말이야?"

난 깜짝 놀라서 루카를 바라봤어. 요 며칠 루카가 엉뚱한 곳에 정신을 팔고 있는 줄 알았는데, 내가 생각했던 것보다 훨씬 더 많은 것을 이해했잖아.

"루카 말이 맞아. 양자 물리학은 뛰어다니는 개나 경주용 자동차나 체조 선수나 모기한테는 영향을 주지 않아." 이모가 말했어.

"이모, 알았어. 그러니 이제 그만해." 내가 말했어. "그런데 왜 원자나 전자, 그리고 뭔지도 모르겠는 알갱이-파동에는 그렇게 큰 영향을 주는 거야?"

"그런 것들에 미치는 영향은 꽤 충격적이야. 예를 들어서 축구공을 뻥 찼다고 해 보자. 축구공이 지나간 길을 그림으로 나타내면, 순간마다 축구공이 어디에 있었고 속도가 얼마였는지 알 수 있어. 측정 도구와 기술이 발달한다면 위치와 속도를 더 정확하게 알 수 있겠지."

"그건 알겠어. 그런데 전자는?"

"전자는 그게 안 돼. 우리는 어쩔 수 없이 아주 이상한 사실을 받아들여야 해. 전자의 위치를 더 정확하게 측정하면 할수록 속도의 측정값은 정확도가 낮아져. 만약, 네가 어느 순간의 전자의 위치를 알아내면, 전자의 이동 방향과 속도는 알 수 없게 돼. 전자는 멈춰 있는 상태일 수도 있고, 초속 수만 킬로미터로 움직이고 있을 수도 있지."

"잠깐. 그러니까 내가 이 피자 위에 있는 전자의 위치를 정확하게 측정하면, 1초 뒤에 그 전자가 지구와 달 중간에 있을 수도 있다는 거야?"

"맞아. 내 코밑에 있을 수도 있고 밀라노에 있을 수도 있지. 아무도 알

수 없어. 반대로 전자의 속도를 정확하게 측정하면 전자의 위치를 알 수 없게 되지. 예를 들어, 전자가 초속 1만 킬로미터로 움직인다는 걸 알아낼 수는 있지만 어디에 있는지는 모르게 되는 거지."

"이제 알겠어! 바르셀로나 축구팀의 공격수인 메시가 골대로 공을 찰 때도 그런 일이 일어나. 상대편 골키퍼가 공의 속도를 알아도 공이 어느 방향으로 올지는 모르거든!" 루카가 흥분하며 말했어.

"그건 틀렸어. 큰 물체들에는 이런 문제가 적용되지 않아." 내가 곧바로 쏘아붙였어. 아까 잘난 척한 것에 대한 복수야.

"농담이었어, 바보야!" 루카가 웃으며 대답했어.

"그래? 루카, 네 농담은 언제 들어도 진짜 재미없거든." 내가 말했어.

이모는 우리가 다투는 모습이 재미있나 봐. 한참 깔깔대더니 이렇게 말했어. "어쨌든 불확정성 원리는 양자 물리학을 떠받치는 기둥이야. 어떤 물리적인 양들은 동시에 두 가지를 아주 정확하게 측정할 수 없어. 거의 완벽한 도구로 측정해도 그렇단다. 예를 들어, 우리는 양자 쥐가 가진 에너지의 양과 그 에너지를 가지고 있는 시간 간격을 동시에 측정할 수 없어."

"맙소사. 그러니까 양자 쥐가 가지고 있는 에너지의 양은 알 수 있지만, 그 에너지를 얼마나 오래 가지고 있는지는 알 수 없다는 거야?" 내가 불만스럽게 물었어.

"터널 효과와 알갱이-파동 기억하니? 전자나 양성자 같은 알갱이-파동은 충분한 에너지를 가지고 있지 않더라도 아주아주 높은 장애물을 넘을 수 있어. 아주 짧은 시간 사이에 어마어마한 양의 에너지를 빌렸다가 돌려주는 것 같아. 아주 순식간에 말이야."

"진짜 모르겠어." 내가 솔직하게 말했어.

"전자가 아주아주 짧은 시간 동안 에너지를 빌린다고 해 보자. 시간 간격이 짧을수록, 이 전자의 에너지를 가늠하기는 더 어려울 거야. 그 시간 간격 동안 전자는 장애물을 넘기에 충분한 에너지를 가질 수도 있지."

"에너지 양이 필요한 것보다 더 적을 수도 있잖아!" 루카가 말했어.

"그렇지. 네 말대로 모든 전자들이 장애물을 넘을 수 있는 건 아니야. 다만 전자가 장애물을 넘을 확률이 있다는 것뿐이야. 이건 전자가 장애물을 넘지 못할 확률도 있다는 뜻이지. 아마 그럴 확률이 더 높겠지."

"원자들의 세상이 그렇게 돌아간다는 걸 어떻게 받아들여야 할지 모르겠어. 게다가 그런 원자들이 모여서 생긴 우리는 원자와는 완전히 다르게 움직이고 있잖아!"

"안녕, 카밀라. 오랜만이야." 우리 뒤에서 여자 목소리가 들려왔어.

이 목소리는? 바로 그 여자 목소리였어! 기차에서 들었던, 과수원에서 쓴 아몬드 이야기를 하던 그 목소리 말이야. 또다시 섬뜩한 기운이 등을 타고 올라오면서 온몸에 소름이 돋았어. 루카는 꼼짝도 하지 않고 놀란 눈으로 나를 쳐다봤어.

누가 말을 꺼내기도 전에 그 여자가 차분한 목소리로 물었어. "얘들이 그 유명한 네 조카들이니?"

9월 9일 일요일
반바지와 수박은
9월까지만!

햄릿은 어느 우주에?

드디어 수수께끼 같은 여자의 정체가 밝혀졌어. 그 여자는 카밀라 이모의 친구이고 이름은 만티아야. 어제 저녁만 생각하면 나는 다시 심장이 쿵쿵 뛰어. 아줌마가 내 어깨에 두 손을 올리고 말하는 동안 근육 하나하나가 마비되는 것 같았거든.

이모가 기뻐서 자리에서 벌떡 일어나는 걸 보고 나랑 루카가 얼마나 큰 착각을 했는지 깨달았어. 만티아 아줌마랑 카밀라 이모는 다섯 살 때부터 친구였어. 초등학교도 같이 다녔다나. 그 뒤로 서로 연락이 닿았다 끊어졌다 했는데 몇 달 전 밀라노 지하철에서 우연히 다시 만났대.

이모가 아줌마를 아침 식사에 초대했어. 저기 아줌마가 오는 게 보여. 나랑 루카는 겨우겨우 제시간에 옷을 챙겨 입었어.

"그러니까 이모랑 친구들이 너희 머릿속에 광양자와 양자 도약, 터널 효과 같은 것들을 집어넣었다 이거지." 우유 잔에 꿀을 한 숟가락 넣으며 아줌마가 말했어. "카밀라, 넌 초등학교 때랑 변한 게 없구나. 그때에도 네가 얼마나 이야기를 많이 해 줬는지 알아!"

"그게 다 기억이 나요?"

"그럼." 만티아 아줌마가 대답했어. "코뿔소랑 말 중간쯤 생긴 맥이라는 동물 아니? 너희 이모가 상상으로 아주 순하고 작은 맥 한 마리를 만들어 냈어. 우린 그를 '엄지 맥'이라고 불렀지. 엄지 맥은 모든 과목에서 1점이나 2점밖에 못 받았고, 자기 시험 점수도 몰랐어. 우린 엄지 맥을 정말 좋아했지! 그런 이야기를 하면서 얼마나 웃었는데!"

"맥이라고?" 루카가 말했어. "이모, 내가 가장 좋아하는 동물이잖아!"

"맥이 정말 귀엽긴 해." 토마토처럼 빨개진 이모를 쳐다보면서 내가 말했어. "그런데 이모! 우리한테 해 준 모든 양자 물리학 이야기가 엄지 맥이 지어낸 건 아니지?"

"물론 아니지. 믿기 힘들겠지만 모두 사실이야." 이모가 대답했어.

"카밀라가 진짜 어이없는 이론들도 이야기해 줬니?"

"광양자 말이에요?" 내가 자신 있게 말했어.

"아니!" 아줌마가 크게 웃으며 말했어.

"터널 효과요?" 이번엔 루카가 도전했어.

"아니!"

"음, 그게 뭐였더라……. 불확정성 원리요?" 내가 다시 말했어.

"아니!"

"양자 도약이요?" 루카도 되물었어.

"아니야!"

"확실한 건 없고 모두 확률에 의해 좌우된다는 거요?"

"음, 그것도 아냐. 카밀라가 너희에게 중첩 이야기를 안 했다니!"

"아아, 양자 쥐 햄릿 말이군요!" 나랑 루카가 동시에 대답했어.

"그게 누군데?" 아줌마가 웃으면서 물었어.

"중첩 상태를 사는 양자 쥐예요. 이모가 그렇게 불렀어요. 그런데 햄릿이 수염이 위로 향해 있는지 아래로 향해 있는지 혹은 둘 다인지를 몰라요."

"그래. 햄릿이라는 이름이 마음에 들어. 양자 쥐가 이곳에 있다고 가정해 보자. 양자 쥐한테 어떤 상자를 지나가라고 할 거야. 그 상자는 수염이 위로 향해 있는 쥐들만 지나갈 수 있어. 알겠지?"

"햄릿이 이 실험에 기꺼이 참여해 줄지 모르겠어요." 루카가 말했어. "나라면 얼른 분재를 챙겨서 멀리 도망갈 거예요."

"햄릿에게 실험을 하면 아주 맛있는 치즈를 많이 준다고 약속했단다. 그리고 햄릿한테 위험한 건 아무것도 없어! 자, 햄릿이 상자 속으로 들어가면 무슨 일이 일어날까?"

"이모가 1000마리의 양자 쥐 중에 100마리만 수염이 위로 향해 있고

900마리는 아래로 향해 있다고 했어요." 루카가 말했어.

"아니야, 루카. 그건 측정한 결과였지. 수염을 측정하기 전에는 각 쥐들은 중첩 상태에 있어. 마치 90퍼센트의 확률로는 수염이 아래를 향하고 10퍼센트의 확률로는 수염이 위를 향하고 있는 상태인 거지!" 내가 말했어.

"이제 햄릿이 상자에서 나온다고 가정해 보자. 이 상자는 수염이 위로 향한 쥐들만 지나가게 한다고 했으니까, 우린 햄릿의 수염이 위로 향해 있다고 확신할 수 있어. 맞지?"

"네……."

"그리고 반으로 나뉜 쥐도 아니고 완전한 햄릿이야. 맞지?"

"햄릿을 위해서라도 그랬으면 좋겠어요. 아줌마를 위해서도요!" 루카가 찌푸린 얼굴로 대답했어. "햄릿은 전혀 위험하지 않다고 했잖아요!"

"아까는 서로 다른 확률을 가진 두 마리 쥐가 중첩되어 있었는데, 지금은 확실히 수염이 위를 향한 쥐 한 마리만 나왔잖아. 그렇다면 다른 한 마리 쥐는 어디로 갔을까?"

"다른 한 마리 쥐라니요?" 루카가 놀라서 물었어.

"수염이 위를 향한 햄릿만 나왔잖니. 여기서 질문. 햄릿 안에 존재하던 수염이 아래를 향한 쥐한테는 무슨 일이 일어난 걸까?"

"사라졌어요!"

"그래. 사라진 것 같지. 이제 상자에 수염이 아래를 향한 쥐들을 통과시키는 다른 출구도 있다고 가정해 보자. 이제 햄릿은 선택할 수 있어. 햄릿이 중첩된 상태라는 걸 기억하렴. 햄릿이 첫 번째 출구로 나오면 햄릿의 수염은 위를 향하고 있을 거야. 두 번째 출구로 나오면 수염이 아래를 향하고 있겠지. 또 질문! 햄릿이 두 번째 출구로 나온다면, 이미 나온 수염이 위를 향한 쥐한테는 무슨 일이 생길까?"

"아이고……. 결국 같은 햄릿 아니에요? 그냥 수염만 다르게 빗은 거잖아요!"

"어떤 과학자들은 아주 간단하게 이야기한단다. '수염을 측정함으로써 하나를 선택하고 나머지 가능성은 모두 없애 버리는 거다.'라고. 다른 과학자들은 햄릿이 상자를 지나갈 동안 두 마리로 나뉜다고 생각해. 수염을 위로 향한 한 마리와 수염을 아래로 향한 한 마리로. 그리고 두 마리가 모두 상자에서 나오는 거라고. 하지만 우린 한 마리만 볼 수 있지."

"다른 한 마리는요?"

"다른 한 마리는 볼 수 없어."

"유령이에요?"

"아니, 뼈와 살이 붙은 채 온전하게 나와. 하지만 다른 우주에서!"

"멋있다!" 루카가 소리쳤어.

"양자 물리학이 멋있는 게 아니야! 사람들이 굉장한 거지! 과학자들은 이런 걸 너무 좋아해서 문제라니깐!" 내가 웃으면서 소리쳤어.

"어떤 과학자들은 모든 확률이 동시에 실현된다고 생각해. 서로 다른 우주에서 말이야. 우리가 하나의 선택을 할 때마다 나머지 가능성들이 저마다 실현되는 우주들이 생겨나는 셈이지."

"흥미진진한데요? 아무것도 포기하지 않는다는 얘기잖아요!" 루카가 말했어.

"과학자들은 그런 생각이나 하라고 내버려 두고 우리는 조금 진지한 일을 해 보는 건 어때요. 이 우주에 겨울이 오기 전에 마지막 물놀이를 하는 거예요." 내가 제안했어.

"안나, 루카. 너무 깊게 생각하지 않아도 돼." 바닷가 쪽으로 걸어가면서 이모가 말했어.

"그래, 맞아. 어떤 선택을 할 때마다 우주가 몇 개씩 생긴다는 특이한

생각을 하는 과학자들은 몇 안 된단다." 만티아 아줌마가 웃으며 말했어.

이모는 그동안 빠뜨렸던 이야기들을 한꺼번에 쏟아낼 작정인가 봐. 다른 우주로 가면 이모랑 제대로 한번 붙어 볼 수도 있을 텐데! 그래도 난 이모가 정말 좋아!

유령 과학자

"이 속담 알아? '반바지와 수박은 9월이 되면 예전만 못하다'라는 말!" 기차가 캄필리아 역으로 다가오는 동안 이모가 말했어. "여름이 다 지나갔단 뜻이야. 이제 더는 수박을 먹을 때도 아니고 반바지를 입을 날씨도 아니라는 거야. 가을도 성큼 다가왔고 학교도 다시 시작하지."

"이제 헤어져야 한다니 아쉬워." 루카가 이모를 힘껏 끌어안으며 말했어. "밀라노에서 기다릴게. 빨리 돌아와야 해!"

"어쩌면 말이야, 다른 우주에서는 이모가 노벨상을 탈 수 있을지도 몰라! 그리고 너희가 기차를 타지 않고 이곳 바닷가에 남을 수도 있지." 이모가 한숨을 내쉬며 말했어. 이모도 우리랑 헤어지는 게 꽤나 아쉬운가 봐. "잘 가렴, 내 귀염둥이들. 만티아, 너도 잘 가고. 내리기 전까지 애들 좀 잘 돌봐 줘. 알겠지?"

"걱정 마, 카밀라. 날 믿어." 아줌마가 대답했어.

우린 기차에 올라 자리를 잡았어. 나랑 루카, 만티아 아줌마는 한동안 말이 없었어. 창밖으로 시골과 바다 풍경이 빠르게 지나갔어. 잠시 뒤 아줌마가 입을 열었어. "궁금한 게 있는데. 아까 캄필리아 역에서 기차를 기다릴 때 개 동상이 하나 있었잖니. 그 개 동상을 왜 세운 거니?"

"람포예요!" 내가 웃음을 터뜨리며 말했어.

"뭐라고?" 아줌마가 조금 놀란 표정으로 날 바라봤어.

"람포 이야기 모르세요?"

"응, 잘 몰라." 아줌마가 웃으면서 대답했어.

"아주 오래 전, 람포가 캄필리아 역에 나타났어요. 역에서 일하는 분들이 람포를 입양했어요. 그런데 람포가 기차들이 언제 역을 지나가는지 시간을 다 외우는 것 같았대요. 람포는 기차 시간을 이용해서 이곳저곳으로 혼자 여행을 다니기 시작했대요. 사람들은 람포를 '여행하는 개'라고 불렀지요. 한번은 람포를 바를레타로 떠나보냈대요. 철도 관리자들이 개가 기차를 쏘다니는 걸 싫어했거든요. 그런데 람포가 어떻게 했는지 아세요? 몇 달 뒤 다시 돌아왔어요. 도망쳐서 기차를 타고 찾아온 거죠. 본능만으로는 그렇게 할 수 없었을 거예요!"

"아름다운 이야기구나……."

"요즘 물리학자들보다 람포가 더 많은 걸 제대로 알았던 것 같아요. 적어도 람포는 어떤 기차를 타야 할지는 분명히 알았잖아요." 내가 비꼬며 말했어.

만티아 아줌마가 웃음을 터뜨렸어. 그러고는 곧 다시 조용해졌지.

"자, 얘들아. 나는 거의 다 왔어." 아줌마가 말했어. "나는 곧 피사에서 내려. 너희를 알게 돼서 무척 기쁘고 즐거웠단다."

"우리도 아줌마를 만나서 좋아요." 내가 말했어. "사실 처음에는 아줌마가 조금 무서웠어요. 저번에 아줌마가 기차에서 했던 이야기를 다 들었거든요! 누가 죽었는지 살았는지 모르겠다고 했어요. 시안화칼륨 이야기도요! 양자 중첩에 대해 농담하는 거라고는 상상도 못 했죠!"

"물리학자들의 유머 감각은 조금 특별해요." 루카가 덧붙였어. "아줌마가 피노 할아버지랑 쓴맛 아몬드와 독 추출에 대해 마구 이야기할 때는 아줌마가 정말 위험한 사람이라고 생각했어요."

"아, 그건 내가 아니야! 피노 할아버지를 만나면 물어 보렴!" 만티아 아줌마가 웃었어. "기차가 곧 서겠는걸. 이제 가야겠다. 조심히 잘 가고 학교에서도 즐겁게 지내."

"그럴게요." 루카가 대답했어. "우리 밀라노에서 다시 만나는 거죠? 한번쯤 이모를 만나러 오실 거죠?"

"글쎄다, 누가 알겠니?" 아줌마가 선반에서 가방을 내리며 야릇한 미소를 지었어. "잠깐만. 너희한테 줄 선물을 깜빡할 뻔했네."

"선물이요?"

"별 거 아니야. 여기 있어." 아줌마는 붉은색 끈과 예쁜 리본으로 장식한 하얀 봉투를 우리에게 건넸어. "이제 정말 가야겠다! 잘 가! 영원히……." 기차에서 내린 아줌마는 지하도로 들어가려다가 뒤돌아서서 우리를 향해 손을 흔들었어. 아줌마의 목소리는 들리지 않았지만 입모양은 이렇게 말하고 있었어. "영원히 안녕!"

"왜 영원히라고 하는 거지? 다시 만날 텐데. 안 그래?" 루카가 고개를 갸웃거리며 물었어.

"그러게……. 선물이 뭔지나 보자." 내가 봉투를 열며 말했어. 봉투 안에는 먹기 좋게 껍질을 깐 아몬드가 가득 들어 있었어. 100개는 넘는 것 같았지.

"음, 맛있겠다!" 루카가 아몬드를 한 움큼 집으며 말했어.

"멈춰, 루카!" 내가 소리쳤어. 갑자기 섬뜩한 생각이 머릿속에 스쳐 갔거든. "독이 든 쓴맛 아몬드면 어떡해!"

우린 서로 말 없이 바라봤어. 기차는 이미 역에서 한참 멀어졌어. 우린 창문을 열고 아몬드를 기차 밖으로 다 쏟아 버렸어.

괜한 걱정일지도 몰라. 하지만 카밀라 이모가 우리 주변에 있는 한, 꼭 무슨 일이 생기거든!

작가의 말

인생이 아름다운 건, 내 곁에 있는 사람들 덕분입니다.

내 삶의 하루하루를 밝게 빛내 주는 크고 작은 별들인 안나와 루카, 루차에게 고마운 마음을 전합니다. 가끔, 밤에 잠을 좀 자게 해 주면 더 좋을 텐데 말이죠!

피노 삼촌과 지젤라 숙모한테도 감사합니다. 그리고 토스카나에 있는 두 분의 시골집한테도요. 이모와 조카라는 아이디어를 생각하게 해 준 클라우디오 삼촌, 루차 숙모, 니노 삼촌, 사베리오 삼촌에게 감사합니다. 카밀라 이모 안에는 이분들이 조금씩 들어가 있답니다. 내 인생의 힉스 보손이자 빅뱅인 어머니 아버지에게도 고마운 마음을 전합니다. 내 첫 조카들인 니코와 로리, 분재를 두고 수다를 떨어 주고 내가 원하지 않을 때도 음악을 들려줘서 고마워.

마누엘라와 줄리아에게도 고마운 마음을 전합니다. 멀리서라도 그들 삶에서 일어나는 양자 도약을 지켜볼 수 있어서 행복합니다. 행운을 빌어요!

몬차에 있는 산 제라르도 병원에서 아픈 아이들을 돌봐 주는 플라비아와 동료 선생님들에게 특별히 감사 인사를 전합니다. 큰 날개를 가졌던 아이, 알리오나도 잊을 수 없죠. 알리오나는 누구보다 생기발랄하고

호기심이 많았어요. 바위산 꼭대기에 앉아 있던 독수리처럼 매 순간 고집스럽게 매달리던 모습으로 저를 행복하게 했습니다. 얼마 뒤, 알리오나는 날아가 버렸어요. 알리오나, 그러면 안 돼. 내게 저녁 만들어 주기로 한 약속도 아직 못 지켰잖아!

물리학자들인 나의 친구 아다와 마우로, 크리스티아노, 에밀리오, 엘리사, 엘리사베타, 잔자코모, 주세페, 루이지, 마르코, 파트리치아한테도 고마움을 전합니다. 이들은 내가 쓴 글을 꼼꼼하게 읽어 주고 잘못된 부분을 바로잡아 주었습니다. 이들이 도와줘서 참 기뻤습니다. 혹시라도 남아 있는 불완전한 부분은 모두 나의 책임입니다.

스테르파이아와 피옴비노 지방에도 고마운 마음을 전합니다. 그리고 제 뿌리의 반을 차지하는 칼라브리아 지방도 빼놓을 수 없지요.

마지막으로 전 세계의 모든 괴짜들, 모두 고마워요. 아직 많이 남아 있어 줘서 정말 다행이에요!

스테파노 산드렐리

찾아보기

ㄱ
가시광선 74쪽
간섭 62, 80쪽
광양자 74, 78, 80, 101쪽
광전 효과 71쪽
교란 62, 64쪽

ㅁ
마이크로파 75쪽
맥스웰, 제임스 64쪽

ㅂ
불확정성 원리 123, 126쪽
빛의 속도 18, 49, 65, 73쪽
빛의 진동수 72, 75, 101쪽
빛의 파동 61, 64, 74, 76쪽

ㅅ
수소 23, 101, 103쪽
슈뢰딩거, 에어빈 106쪽
슈뢰딩거의 고양이 107쪽

ㅇ
아인슈타인, 알베르트 73쪽
양성자 29, 86, 101, 103쪽
양자 75쪽
양자 도약 103쪽
양자 물리학 75, 100, 103쪽
엑스(X)선 75쪽
오차 120쪽
원자 23, 29, 30, 72, 83쪽
원자의 구조 29, 101쪽
원자의 크기 25, 30쪽
입자 30, 82, 94쪽

ㅈ

자기장 62쪽

자성 62쪽

자외선 75쪽

전기장 63쪽

전자 30, 33, 72, 75, 82, 92, 101, 103, 109, 124, 126쪽

전자구름 90, 92쪽

전자기력 91쪽

전자기장 90, 92쪽

전자기파 49, 61, 64, 75쪽

전하 30쪽

중성자 30, 101쪽

중첩 112, 114, 118, 132쪽

ㅊ

측정 119, 121, 123, 126, 133쪽

ㅌ

터널 효과 96, 126쪽

ㅍ

파도 55, 57, 59, 62쪽

파동 56, 59, 61, 64, 80, 82, 94, 108쪽

파동의 마루 56, 65쪽

파동의 진동수 56, 76쪽

파장 56쪽

플랑크, 막스 73쪽

ㅎ

하이젠베르크, 베르너 123쪽

핵 29, 31, 33, 101, 103쪽

확률 42, 45, 94, 96쪽

원자 유령을 추적하라!

양자 물리학에 대해서
궁금한 점을 써 봐!

천체 물리학자 카밀라 이모에게 편지를 보내려면:

zid.cami@gmail.com